実録 あなたの知らないオカルト業界

三浦悦子

彩図社

はじめに

「魂を磨いて金運を高めよう」
「がんや難病が瞬時に治る」
「潜在能力を開発して幸運体質になる」
「黒魔術で略奪愛を成功させる」
「守護霊が未来を教えてくれる」
「パワースポットで夢を実現」

このような怪しいけれど魅力的な話を見聞きしたことはないだろうか。世の中には、神仏霊など科学的には証明されていない存在を商品化して様々な形で相談者に提供するサービス業がある。わたしはこのようなサービス業をオカルト業界と呼んでいる。オカルト業界の市場規模は一説によると8兆円。馬鹿にならない業界である。

ところで読者のみなさんはオカルト業界に対してどのようなイメージを持っているだろうか。
「神仏霊など全く信じない」というような否定派がいれば、「おまじないをしたら好きなタイプの男性と付き合うことができた」という肯定派もいるだろう。「いい占いは信じるけれど、それ以外は気にしない」というような中間派もいるだろう。

わたしの立ち位置を説明すると、20年ほど前までは熱心なオカルト世界の肯定派で、全国各地のパワースポットを訪ね歩いたり、「願望成就器」というオカルトメカや「護符」というまじない術を使ったりしたこともあった。

この傾向はますますエスカレートして、新興宗教団体のレポーターとしての活動を皮切りにどんどんオカルト業界に足を踏み入れて行った。

20年間で取材や個人的に関わった団体は多岐にわたる。拝み屋さん、気功師、霊媒師、背後霊が見えるイラストレーター、フリーエネルギーを開発する会社、能力開発系セミナー、オカルト系の出版社など変な団体に振り回されたこともあったし、心から凄いと思う人にも出会った。

例えば、背後霊が見えるイラストレーターの杏子ちゃん（仮名）の霊視能力などは卓越しており、彼女があまりにも見事にわたしの周りの人物について言い当てるので、びっくりさせられたことがある。また、沖縄の離島を訪れたときに、前世移行催眠で見た時と全く同じ光景に接したことも驚きの1つである。

ところが、オカルト業界を漂っていると、肯定派であるわたしでも思わず疑問を抱いてしまうような事態に直面することもあった。例えば、訪ね歩いた霊能者のほとんどが相談者や会員に言っていることと本人の行動が食い違っていた。ある拝み屋さんが、常日頃「周囲に対して謙虚でいるように」と説いているにもかかわらず「わたしの力をもってすれば何でも思うがままになる」などと自我むき出しの発言をしたときは耳を疑った。

他にも、オカルト業界で活動している多くの霊能者あるいはスピリチュアルカウンセラーなどを自称している人たちは神仏と交流できることをうたい文句にしているが、そんな都合の良い神さまやら仏さまがいるのだろうかと疑問に思ってしまう主張ばかりする人も少なくなかった。

このようにオカルト業界で揉まれに揉まれてきた現在では、素直にオカルト業界を肯定することは難しくなってきている。

拙著は仕事関係でもプライベートでも見てきたからこそ明かすことができる、オカルト業界での体験談を書いたものだ。オカルト業界にはどのような人物がいて、関わりあった人がどうなるのか、信じる者は本当に救われるのか、ぜひ本書を読んでご覧になってほしい。

２０１４年７月吉日　三浦悦子

実録　あなたの知らないオカルト業界　目次

※本書に登場する人物・法人・団体名はプライバシーを考慮し、すべて仮名となっております。

第1話

拝み屋さん

～新興宗教の教祖さまは二重人格～

✡ミニ新興宗教団体の会長

今から20年ぐらい前、わたしはオカルトにあこがれて、霊能者という存在に傾倒していた。

そんなおり、どのような本を買うかという目的もないまま、ぶらりと書店に入った。

宗教、精神世界のコーナーに立ち、1冊の本を書棚から取り出して、パラパラとページをめくる。

当時は、宜保愛子《ぎぼあいこ》という霊視を得意とする霊能者がテレビや雑誌に頻繁に登場していたころで、「霊視で〜」「守護霊が〜」といった霊的な内容の本は特別珍しいものではなかった。

わたしが手に取ったその本は、ミニ新興宗教団体の佐々木という会長が書いたもので、自分の霊能力で相談者の悩みを解決した事例が詳細に書かれていた。

わたしより3歳年長という若さで新興宗教団体を率いているところに興味をそそられ、本を購入し、一気に読んだ。内容から、佐々木会長はとても謙虚で霊的な実力のある人物だということが伝わってくる。

最終ページには、著者のプロフィールの下に教団の住所が書かれていた。書籍を読み佐々木会長は本物の宗教家であると確信をもったわたしは、その住所宛に本の読後感を書いた手紙を送った。すると、1週間もしないうちに返事が届いた。そこには意外な内容が書かれていた。

〈私の教団は数年前にできたばかりです。おかげさまで、信者がだいぶ増えてきましたので、信者の結束を強化するために、教団の広報紙を発行することの必要性を強く感じています。でも、今の私は信者の相談を受けたり、祈祷したりする実務で手いっぱいの状態です。お手紙によれば、あなたは文章を学んでおられるそうですね。文章で大賞を取った実績もあります。もしよろしかったら、私の教団のレポーターとして、広報紙を書いてくれませんか？　土日は実務を行っていませんから、電話での連絡をお待ちしています〉

驚いた。まさか佐々木会長から、直々に手紙がくるとは思いもしなかったからである。わたしは早速電話を掛けて、教団を訪問する約束をした。

佐々木会長が主宰するF教団は千葉県の中堅都市の住宅街にある。指示された駅で下車して、15分ほど歩くと、やがて目的の建物が見えてきた。

門のところに白木造りの鳥居が建てられていることを除けば、周囲の住宅と区別がつかない。玄関先には確かに「F会」という看板が掲げてある。

おずおずと入り口の扉を開けると、作務衣を着た佐々木会長が出てきた。

✡ 教団のレポーター

「よくおいでくださいました。さあ、上がってそこに座って少々お待ちください」

座布団に腰をおろすと、それまで見たこともないような光景が目に飛び込んできた。30畳以上ありそうな広間には南向きに大きな神棚があり、その手前に文机がある。待合室には紙が貼ってあり、そこには祈祷料金が明記されている。

一般的な祈祷料金は、相談料が込みになって3万円。特別祈祷は10万円とある。当時のわたしが知っていた例では、相談料だけで5万円。5分間の霊視だけでも5万円するところもあった。そこでは祈祷を頼むと500万円かかるという。それらの霊的施術料金に比べたら、佐々木会長の料金はかなり安いと言えるだろう。

そんなことを考えていると佐々木会長が姿を現し、説明をはじめた。

「神棚の中心におまつりさせていただいているのは宇宙の最高神、左右はそのお力添えをしてくださる神さまです」

わたしはとりあえず神棚に向かって、深々と頭を下げる。佐々木会長は続けた。

「わたしは信者さんから悩み事をお聞きして、悩みの原因を神さまにうかがいます。そうすると啓示が下りますので、信者さんにお伝えします。その後、これを使って霊的に悪い部分を浄化し、神さまのパワーを注入するのです」

　佐々木会長は刃渡り20センチほどのナイフを取り出して見せた。見た感じでは実用的なナイフではないようである。宗教儀式のときだけに使うもので「スサノオの剣」と呼ぶらしい。

　このスサノオの剣で相談者の頭上10センチ位の空間を何度も十字型に切り、人間の魂を保護している「幽体」から霊的な汚れを取り除き、神のパワーを注入するという。

　次に佐々木会長はわたしを台所へ連れて行った。テーブルの上には、あらかじめ資料が準備されていた。会長はそれをわたしの前に置いて話し始める。

「これは、当会の広報紙です。1枚目に目を通してください」

　そこには、会員、信者、相談者から寄せられたと思われる体験談が記されている。

　借金に苦しんでいた自営業者が、祈祷を受けたら運勢が好転し、今では業績が上がって自社ビルを建てることができた。ノイローゼになって専門医の治療を受けたにもかかわらず一向によくならなかったが、祈祷を受けたらわずか3回で治った。などの話がB4判ぐらいの紙に印刷されている。

　わたしは感嘆して思わず声を漏らす。

「先生のお力はすばらしいですね。これだけおおぜいの方たちが救われているというのはほんとうにすばらしいです。普通、教団の会長といえば、お年を召した方を想像しますが、先生はまだお若いのに、たいへんな実力をお持ちなんですね」

「いいえ。わたしに実力があるのではありません。わたしは神さまのお力をお借りしているのにすぎません」

「でも神さまから信頼されているからこそお力添えがあると思うのです。多くの霊能者や教祖が書いた本を読みましたが、信者さんが増えてくると、自分自身が神さまであるかのように錯覚したり、傲慢になったりするケースが少なくないようですね」

「組織が大きくなるとどうしても維持費がかかります。おおぜいの信者さんたちが集まるために大きな建物が必要ですし、事務員も雇わなければなりません。そのために多額の寄付金を要求する教団も出てきてしまうようですね」

しかし、当然寄付金を払うことができない人も出てくる。そのような人は脱退を考え始めるが、教団はこれをよしとせず、時には脱会するとバチが当たる、と言って脅かすことさえある。佐々木会長の教団には、そのような巨大教団を脱退した人が訪ねて来ることも少なくないそうだ。

佐々木会長はとても残念だ、という感じで話をした後、笑顔で続けた。

「わたしは、この教団を大きくする気持ちなどさらさらありません。信者さんたちが、家族か親戚のように仲良く楽しく集まることのできるミニ教団でいいと思っています」

わたしは佐々木会長の謙虚さに好感を抱いた。神に最も近い人であるとも思った。

わたしに与えられた仕事は、月に数回教団を訪れて信者から体験を聞き、それをもとに記事を作成する作業である。

当時、わたしは東京に事務所を持っていなかった。そのため、自宅のある静岡から千葉へ行き、駅前にあるビジネスホテルに1週間宿泊して、その間にあらかじめ教団が準備してくれた数人の信者にインタビューすることになった。

出来上がった原稿をファックスで送れば、教団の職員が印刷所に依頼して広報紙が作られ、信者に送られるという仕組みである。

400字詰め原稿用紙1枚に対して1万円が支払われる。雑誌の原稿料の相場が1枚4000円前後と考えると、破格の金額である。45枚分の原稿を送るだけで45万円、これに加えて交通費と宿泊費として数十万円がわたしの口座に振り込まれる。

駆け出しのライターとしては幸運なスタートだった。

✡ 繰り返す薄気味悪い現象

F教団の仕事をするようになってから、わたしの身辺に不可解な出来事が次から次へと起こるようになった。

突然、「早起き会」「エホバの証人」「印鑑売り」「手相見」「韓国系教会」など、明らかに新興宗教とみられる団体が次々と我が家に勧誘に現れるようになったのだ。

他にも、いろいろなことが起きた。例えばある日のこと、わたしは台所でおかしな物体を目にした。緑色と灰色を混ぜたようなバレーボール位の大きさの球が台所の壁から出て、ゆっくりと空中を漂いながら移動している。わたしは夫を呼んだ。

「まあちゃん、ちょっとあれを見てよ。あれって何かしら？　ほら、台所をふわふわ浮いている変な球よ」

「俺には何も見えないけどなあ」

「ほら、よく目を凝らして！」

「分からないよ」

やがてその奇妙な球は窓ガラスに近づくと、すっと消えた。

翌日の早朝、町内会の役員から電話が掛かってきて、町内会長をしていた老人が心臓病で死んだことを知らされた。

わたしが目撃した奇妙な球との関連性については何ともいえない。霊的世界の存在を信じる人ならば、生前懇意にしていた老人があいさつに訪れたのだと主張するに違いない。だが、わたしとその老人は顔見知り程度で付き合いはほとんどなかった。そのため、わたしはむしろ霊的な仕事をしていることとの関係ではないかと解釈した。

✡ 苦しみだす夫

そんなおり、極めつけの異変が生じる。深夜、夫が急に苦しみだしたのだ。四つんばいになり、脇腹に激しい痛みがあると訴える。

顔色は青ざめており、冷や汗をたらたら流して、体をくの字型にしたままである。急いでタクシーを呼んで、夫を座席に寝かせて、救急病院に運んでもらった。

診察の結果、夫は尿管結石が出来ていると診断され、直ちに入院することになった。

幸いなことに、この病院に音波で結石を砕く医療機械があったので、開腹手術をしないで石を体外に排泄させることができた。わずか3日間入院しただけで退院し、自宅で3日間休養して通勤が可能になった。

だが、入院中に弱々しい声で夫が言った言葉が私の心から離れなかった。

「俺、何だか怖いよ。悦ちゃんが教団で働くようになってから、おかしなことばかり続いているだろ。女房が生き生きしているのは、夫としてうれしいよ。でも、これ以上おかしなことが続くかもしれないと思うと、俺は怖くて心配なんだよ」

ここまで言われると、さすがに気になってくる。わたしだけならいざ知らず、夫まで苦しむようなら今の仕事を見直した方がよいのだろうか。

だが、だからといって教団の仕事を辞めた後に、実績らしい実績のないわたしがものを書く仕事にありつけるかどうかも悩みの種である。

✡毎月200万円以上の報酬も不可能ではない

千葉の教団を再び訪れたわたしは、それまで経験した不可解な出来事を洗いざらい佐々木会長に打ち明けた。

「それはたいへんでしたね。でも、あなたがそのような目に遭ったのには理由があります」

佐々木会長はいつになく真剣な表情で言った。

「宇宙には正しい神さまと、悪い神さまがおられます。この教団では、悪い神さまのことを〝魔〟と表現しています。正しい神さまのことを広く世の中に知らせると、魔はいるところがなくなってしまいます。それで、あなたが一生懸命正しい神さまのことを書こうとすればするほど〝邪魔〟が入るわけです」

佐々木会長は、わたしにこれは試練であると説明した後、これ以上、邪魔が入らないようにと、正しい神さまに守っていただけるようお祈りをしてくれた。

これで怪奇現象がなくなるに違いない。そうすれば仕事も辞める必要がなくなる。同時に2つの悩みが解決し、わたしはとてもすがすがしい気分になった。

佐々木会長は言う。

「あなたが書いてくださった記事は、とても分かりやすいと、何人もの信者さんから感想をいただいています。わたしは実務に専念したいと思っていたときに、あなたに助けていただき、心から感謝しています」

そんな風に言ってもらえて悪い気がするわけがない。そんなわたしの表情を読み取ったかのように会長は軽く頷いてから言った。

「それから、あなたにやっていただきたい仕事がもっとあるんです。この教団は、単なる御利益供給所にしたくありません。古神道の学びの場にしたいというのが長年のわたしの夢なんです。それで、この教団独自の古神道のテキストを作る計画を立てています」

佐々木会長は私の目をじっと見つめ、話を続ける。

「広報紙は今までどおりの原稿料で、それに加えてテキスト1冊につき150万円をお支払いしたいと考えています。もちろん引き受けてくれるでしょうね」

わたしはあぜんとして、すぐ返答することができなかった。

佐々木会長の依頼どおりに仕事を引き受ければ毎月200万円以上の収入も不可能ではない。わたしは、ありがたさのあまりテーブルに頭がぶつかるくらい深々と頭を下げた。

神のような人とは会長のことではないか。いや、神の化身そのものかもしれない。心底そう思い、生涯会長のもとで働こうと決心した。

✡ 御利益たんまり

千葉にいる間、可能な限り多くの信者に面会して、霊験談を筆録した。信者からの聞き取りは、道場に隣接している台所で行われた。

ある日、50がらみの夫婦が台所を訪れた。ふたりとも、ライターからインタビューを受けるのは初めてらしく、少し上がっている様子である。

だが、世間話をしているうちに緊張が解けたのだろう、堰を切ったように話し出した。

「わたしどもは、夫婦でホテルを経営しております。ところが、近所に新しいホテルができたので、売上が半分になってしまいました。このままでは廃業するしかないと思っていた矢先、知人の紹介でこちらにうかがいまして、先生に相談しました」

わたしはメモを取りながら、話を続けるようにと視線で促す。

「すると、3カ月の間に状況が変わるから、そのまま静観しているように、とご指導を受けました。もう少しで3カ月という少し前に、知り合いの不動産屋から土地を買わないかと勧められたんです。見に行きましたところ、風光明媚なので一目で気に入りまして、古いホテルを売却して新しい土地を購入し、そこにリゾートホテルを建てようとしたんです」

最初は物静かな様子だった夫婦だが、話をしているうちにヒートアップしてきたのか、テーブルにぐっと乗り出してしゃべり続ける。

「工事を始めて間もなく、現場の作業員からびっくりするような報告を受けたんですよ。なんと温泉がわき出たというじゃありませんか。わたしたちはすぐ先生に報告しましたら、先生はこうお答えになりました。〝あなたがたが神さまへの信仰が深いので、今回のことはそのごほうびですよ〟。ですから、今日はお礼に参りました」

そう言い終えると、夫婦は満足げに頷きあった。

多くの信者が語る霊験談は、この夫婦と大同小異で、教団と縁ができてから運勢が好転したというものだった。

だが、何人かの信者の話を聞いていくうちに、わたしの中にひとつの疑問が生まれた。

30代の背が高くてがっしりした体格の男性から聞いた話はとりわけ記憶に残っている。

「僕は会社を辞めて、カイロプラクティックの治療者になりました。治療院を開いて3カ月くらい経ったころ、突然無気力になり、熟睡できなくなりました。知人の紹介で、この教団を知り、先生からお祓いを受けました。そうしたら、わずか1回で治ってしまいました。神経科や精神科の医師でも治すことのできなかった僕をですよ」

彼は熱のこもった口調で続ける。

「なんでも、先生の説明では、僕は人の念を受けやすい霊媒体質なので患者の念やいろいろなマイナスエネルギーに影響されて、うつ病になったそうです」

悪いことが起きて、教団に出会い運気が好転する、ここまではいつものパターンだ。

わたしは尋ねる。

「今の体調はいかがですか？」

「うつ病は治ったんですが、それから間もなくけがをしました。日中、道を歩いていたら、どこからともなく木片が飛んできて、頭の皮が破れてかなり出血しました。幸い頭蓋骨に異常はなかったんですが、気になったものですから、先生に聞きました。そうしたら、〝魔〟が僕の心を試すために、けがをさせたとのことでした」

男性は頭に巻いた包帯を指しながら説明する。

男性は満足そうにしているが、これでは、一度良くなった運勢が悪くなってしまっているのではないだろうか。

「魔の試練」という言葉は、この男性だけでなく、別の信者からも耳にした。

霊的な指導者である会長や霊的な記事を執筆しているわたしに魔からの介入があることは理解できるが、一般の信者にも不運がもたらされるとはいったいどういうことなのか。

しかも、信者自身も自分に降りかかる不運を当然のこととして受け入れている。信者や相談者の多くは、不幸な状態から脱却したい目的で教団を訪れているにもかかわらず、である。

✡ 低級霊と教祖

何度か教団に通ううちに、佐々木会長はプライベートな話をするようになってきた。

「わたしはこの教団の2代目なんです。父が開祖です。とてもよく当たる霊能者ということで、うわさを聞いて遠方からも相談者が訪れるほどでした。わたしは父の門前小僧をしながら相談や祈祷のやり方を学んだのです。あなたにお渡しした資料の中に、父が書いた本があったでしょう。読んでどのような印象を持ちましたか？」

「とても謙虚な方だと思いました」

わたしは会長の手前、褒めはしたものの、心の中ではおかしな内容の本だと思っていた。

最初から最後まで読んだが、支離滅裂で何を主張したいのかさっぱり分からない。特に次のような部分は、いまでも容易に思い出すことができるほどおかしな話である。

「芸術的な才能を高めたい人には、このような方法を勧めます。オレンジ色の布きれを右手に持って振りながら大きな声で〝レーー！〟と叫びなさい」

これを実際に行ったら、周囲の人には頭のおかしい人に見られるだろう。

佐々木会長は続ける。

「あの本はA出版から出したんですが、すぐに絶版にしたんです。あのころの父は傲慢で思いあがりが強かったので、低級霊にとりつかれていたのかもしれません。頭の上に杯を載せて踊っていた時もあったのです」

「今、お父さまはどちらにおられるのですか？」

「ある日突然、行方不明になりました。玄関先に手紙が置いてありまして、修行の旅に出る、と書いてありました。時々、クレジットカードの利用明細書が届くので、まだ生きていると思うのですが……」

聞いてはいけないことを聞いてしまったかもしれないと思い、私は話題を変えることにした。

「では、お母さまは？」

「父は母を実験台にしたのです。母にわざと低級霊をとりつかせて浄霊するという霊的な実験です。このようなことをしているうちに、母は何もしゃべらなくなってしまいました。家事もしなくなって、部屋の隅にずっとうずくまったままで、わたしが息子であることも分からないようでした」

こちらもよろしくない話題だったようだ。だが、ちょっと興味があったので私は話を続けて聞いてみることにした。

「病院に連れて行かなかったのですか？」

「いいえ。父が自分のパワーで治すと言いまして、病院へ連れて行かなかったんです」

「その後、どうなりましたか？」

「何も食べない状態が続きまして、衰弱死しました」

「お気の毒に……」

わたしはこう答えたが、内心、この教団に薄気味悪さを感じはじめていた。

✡ 身の毛がよだつイベント

翌日、気味悪さが頂点に達する出来事が起こった。

教団でひな祭りの催しが行われた際のことだ。

祈祷場と台所がある棟の隣に100人ほど収容できる建物があった。この中で、いろいろな催しや祈祷会などが行われるという。プログラムは、教団に関係ある人たちのあいさつ、会長の祈祷、食事会が予定されている。

最初に壇上に上がったのは、A出版の歌川社長である。教団の広報紙の記事が数百枚ほどたまった時点で1冊の本としてA出版から刊行されると聞いていたので、わたしは壇上から降りてきた歌川社長に丁寧にあいさつをした。

歌川社長と別れた後、佐々木会長の紹介で、ジャーナリストの新井と対面することになった。長髪にひげという個性的な風貌をしているこの中年男は、人なつこい笑みを浮かべながら話す。

「僕は今、この教団の本を執筆中なんです。佐々木さんから聞きましたが、あなたも書いているそうですね。彼はいい人ですから、仕事はやりやすいですよ」

新井と話しているうちに、会長のあいさつが始まった。

「本日はお忙しいところをこれだけおおぜいの会員さんが見えてくださいまして、ありがとうございます。父が謎の失踪をしてからかれこれ5年の歳月が経ちます。わたしは未熟ながらも、神さまにかじりついて、神さまと皆さまとのお取り次ぎの仕事をしてきました。皆さまもご存知のように、教団ゴロである立花、松田、中山に教団を乗っ取られそうになりましたが、なんとか切り抜けることができました」

ここまで話をすると、佐々木会長は突然、涙ぐみ、そのまま号泣し始めた。会員たちは静まり返って戸惑いの様相を見せる。わたしも突然のことに、あぜんとしてしまった。

聴衆を一切無視して会長は続ける。

「父は戻ってきますとも。ええ、きっと必ず戻ってきますとも！」

会長の言葉は悲鳴に近かった。

✡ 会員たちの奇怪な行動

次は、会長による祈祷会である。

会員は正座して目をつぶって合掌する。会長は祝詞を唱え始める。すると会場全体が妙な雰囲気に包まれた。会員たちが、合掌したままおかしな動きをし始めたのだ。

以前体験談を聞いたカイロプラクティックの治療師は、腰を軸にして上半身を左右に回転させている。カエルのようになんべんも跳びあがっている人、蛇のように体をくねらせながら畳の上を這っている人、合掌した手を上下に激しくけいれんさせている人など、会員のほぼ全員が奇妙な動作をしている光景は不気味だった。

祈祷会の次は直会《なおらい》といって、会長を取り囲んで食事会が行われる。

わたしは会員の中に分け入って、次の広報紙のためのインタビューを始めた。祈祷会の時、最も激しい動作をしていた男性に尋ねる。

「先ほどずいぶん体を動かしておられましたが、どのような感じでしたか?」

「さあ、僕にはよく分かりませんが、体が勝手に動いてしまうのです」

「祈祷の後の心身の状態はいかがですか?」

「とてもすっきりしています。最高の気分ですね」

誰に聞いても、似たり寄ったりの答えが戻ってくる。そのうちお開きとなり、会員たちは帰っていった。

✡素っ裸の女性会員

教団の職員たちが片づけをしている最中、若い女性が年配女性に連れられて玄関口に飛び込んできた。なんでも急性の霊障で苦しんでいるという。

佐々木会長は、笑いながら言う。

「さあ、これから酔っぱらいのお祓いが始まります。じっくり見ていてくださいね」

敷き布団の上に若い女性が横たわっている。体をくの字型に折り曲げてときおり奇声を発し、手で宙をつかむような仕草をする。そのうえぜーぜーと苦しそうな息づかいを立てている。祈祷を始めると、女性はますます苦しがり、布団の上でのたうち回った。

そのうち猛獣のような声を上げだし、ついに立ち上がって、着ている衣服を全部脱ぎ捨てると、洗面所に向かって駆けていった。

会長は神棚の前で祈祷を続けている。やがて女性は戻ってきて布団の上に座ると、そのまま横になって、眠ってしまった。女性職員が毛布を持ってきて、裸の体を被う。

会長は台所に戻ると説明をはじめた。

「驚いたでしょう。このようなケースは、過去幾つもありました。霊の急性憑依とでも言いましょうか。どんな人にも何体か霊がついているものです。これらの霊がおとなしくハーモニーを保っていれば、霊的な現象は起きません。ところが、急に新しい霊がとりついた場合、それまで保たれていたハーモニーが乱れて、おかしなふるまいをするようになるんです」

女性への祈祷を見たおかげで、わたしの佐々木会長への不信感はすっかり払拭されていた。

「先生の祈祷はすばらしいですね。あの様子では、とりついた霊も浄化されたのではないでしょうか？」

「その通りです。あの女性は典型的な霊媒体質で、ちょくちょく運ばれてきます。心のあり方がしっかりしていれば、霊にとりつかれることもないのですが、残念ですね」

「心のあり方、と言いますと?」

「いつも静かな気持ちでいること。神さまへの信仰をしっかりすること、とわたしは考えています。祈祷は神さまのお力添えがないと、成功しません。あくまでも神さまの力をお借りしているわけで、わたし自身の力ではないんです」

佐々木会長の言葉を聞いて、わたしは感動した。これまで見てきた霊的な能力を持つ人は、みんな自分の力を驕って、テレビに出演して有名になりお金を稼ぐことばかり考えている人が多かったからだ。

それに比べて、会長はどうだろう。テレビに出演して有名になろうとも考えていないし、とても謙虚だ。このような人のことをほんものの霊能者というのだろう。

その日のうちに静岡にある自宅に戻り、ひな祭りで見聞したことを書き始めた。４００字詰め原稿用紙に換算して、45枚ほどを数日後、教団に郵送した。

✡ 理不尽な扱い

原稿が教団に届いたと思われるころの夕方、教団の女性主任から電話が掛かってきた。この主任は口の病気を会長に治してもらったのがきっかけで、教団の職員になったという。

年齢は40代の半ばころで、小柄でやせている。どんなささいなことでも許さないという、とっつきにくそうな女性である。

受話器を取ると、主任はいきなりまくしたてた。

「あなたは会長を全然尊敬していないですね。原稿を読めばすぐ分かりますよ！」

「ちょっと待ってください！　わたしは、佐々木先生のことを心から尊敬しています。何かの間違いではありませんか？」

「ではどうして会長のことを〝宗教賤民《しゅうきょうせんみん》〟などと書くの？　失礼でしょう！」

「宗教賤民という言葉は、先生がご自分を謙遜して口にされた言葉です。大概の宗教家は、自分自身が神であると思い込んでいますが、先生はご自分を謙遜しておられるのが、印象的だったので書いただけです。直接先生とお話ししたいので、電話を替わっていただけますか？　そうすれば誤解も解消すると思うのですが……」

主任は意地悪く言った。

「会長は今、外出してここにいませんよ。あなたはもうこの教団に来ないでください。今まで書いた分の原稿料はあなたの口座に振り込んでおきますから」

「では、先生に手紙を出します。そうすれば、御理解いただけるものと思います。それに宗教賤民という言葉がお気に召さないのでしたら、それを削除して新しく原稿を作り直します」

「それはできませんね」

「どうしてでしょう?」

「先ほども言いましたように、今後、あなたが教団で取材、執筆活動を行うことを禁じます」

「それは佐々木先生のご意思ですか?　それとも主任のご意思ですか?」

「そんなことどうだっていいじゃないですか」

そう言い棄てると、主任は、がちゃんと受話器を置いた。

✡ わずか3カ月でクビ

わたしは何とも表現しようのない気持ちになった。佐々木会長のことを心から尊敬しているのに、主任に言わせると、たった4文字「宗教賤民」が気に入らなくて解雇するという。

それでもわたしは一縷《いちる》の望みを持っていた。主任ではなく会長に直接連絡を取ることができれば、状況も変わるのではないか。教団のファックスは台所にある。会長が台所にいる時間をねらって、祈るような気持ちで次のような内容の文書を送った。

〈佐々木先生、不愉快な思いをさせてしまいまして、まことに申し訳ございません。

私が理解している範囲ですが、ほとんどの霊能者はある程度、会員が増えると、巨大な神殿を建てる傾向があります。ところが、先生の場合、自分より会員のことを真っ先にお考えになります。このような指導者を私は先生以外に存じません。

今回の件も何かの行き違いではないかと思っております。教団のお手伝いをさせていただきました間、とても勉強になり、楽しく過ごさせていただきました。

先生と教団の今後のご活躍とご発展を心からお祈り申しあげます。短い間でしたが、いろいろよくしてくださいまして、ありがとうございました〉

すると意外にもすぐ会長からファックス文書が何通も届いた。

〈あなたの言い分はよく分かりました。でも、これだけは言っておきたいのです。この教団はわたしが命がけで守っている所です。

あなたは、ここにきた最初の日にこの教団の会員登録をしたでしょう。これはわたしやこの教団との関係を円滑にするための取引ではありませんか。わたしを尊敬して入会したわけではないでしょう。

それに、ひな祭りの会で、あなたはA出版の歌川社長と長々と話をしていたが、それはこの教団を足がかりにして、A出版とつながりを持ちたかったからではありませんか。歌川社長は高齢者です。先が長いとは思えません。わたしの力をもってすれば、なにもかも思い通りです。とにかくあなたは、わたしを選ぶか社長を選ぶのかどちらかにして、二股をかけないようにしてください〉

会長の文書は最初のうちは整っていたが、送られてきた文書の枚数を重ねるうちに、サインペンで書かれている文章が踊っているように見え、論旨も矛盾だらけになっていった。最後の方になると大きく書き殴られた文字が叫び声を上げているようにさえ見えた。佐々木会長は日頃、「わたしは神さまの取り次ぎにすぎません。何の力も持っていないんです」と話していたが、ファックス文書には「わたしの力をもってすれば、なにもかも思い通りです」と書かれていた。なんという矛盾だろう。

わたしは急に佐々木会長が怖くなり、もうこちらから接触するのは止めることにした。

✡ 動物霊使いの特徴

後日、教団が催したひな祭りの時に、名刺交換したジャーナリストの新井と会う機会があり、この一連の話をしたところ、次のような答えが戻ってきた。

「教団に女性主任がいたでしょう。この人は佐々木さんの愛人なんですよ。そこへあなたが現れて佐々木さんからよくしてもらったので、おそらくやきもちを焼いたんだね」

あの意地悪な主任は、会長の愛人だったのだ。そう聞くと電話での態度も納得がいく。

「僕もあの教団に出入りして佐々木さんの言葉を聞いて、原稿を執筆したんだけれど、佐々木さんのプライベートな部分と教団乗っ取り事件について女性主任から、削除しなさい、とえらい剣幕でどなりつけられたんだよね。僕はその言葉にとても怒りを感じたんだ。ルポルタージュを書くとき、きれいごとだけじゃだめなんだ。その人の醜い部分も書いてこそ、文章が生きてくるんだよね。僕はいまだにあの女性主任を好きになれないよ」

また別のジャーナリストの奥田からもこんな秘話を聞いた。

「僕もあの教団に関与したことがあるんだ。佐々木は3人の幹部会員が教団を乗っとろうとした、と公言しているのだが、それは大間違いですよ。3人は教団乗っ取りの気持ちなどさらさら抱いてなかったんだ。教祖がおかしくなって行方不明になっていたとき、教祖の代行をしていたに過ぎない。それを佐々木が勝手に勘違いして〝乗っ取り〟と思ったんだね。佐々木としては3人に礼を言うべきであって、悪口を公言するほうがおかしいんです」

教団のことをすっかり忘れ、別の仕事に従事していたころ、知り合いの女性霊能者がこんな話を伝えてきた。

「そういえば佐々木さんのお父さんが、福島県の山中で野垂れ死にしたそうよ。佐々木さんもお父さんも動物霊使いなのよ。それで、相談者のことをズバリと当てることができるのね。動物霊にかかっている霊能者の特徴は、公言していることと、矛盾する言動をすることなの」

佐々木は本のなかで、我欲や物欲を捨てなさい、と書いているにもかかわらず、高級外車を2台持っていて、愛人が2人もいた。確かに、公言していることと行動が矛盾している。

女性能力者は最後にこう言った。

「あなたは教団を辞めてよかったわね。そのまま続けていたら、とんだ不幸に見舞われていたかもしれない」

第2話

フリーエネルギー

〜無尽蔵に使える夢のエネルギー？〜

✡初めてのオカルト系出版社訪問

教団から離れたわたしは途方に暮れていた。収入源がなくなったからである。

だが、落ち込んでいても仕方がない。とりあえず、ひな祭りのときに名刺交換したA出版の歌川社長に手紙を出し、届いたころを見計らって電話を掛けた。

「佐々木会長の時の三浦さんですね。お手紙を読みましたよ。たいへんでしたね。仕事上、多くの霊能者を知っていますが、教団が大きくなるにつれ、自我が出てくることが多いようです」

幸いなことに歌川社長はわたしのことを覚えていた。さらに、幸運は続いた。

「よければ一度、会社に来てください。手伝ってもらいたい仕事がありますので」

捨てる神あれば拾う神ありとはまさにこのことだ。

会社を訪れる約束をしていた日は大雨だった。都内のJRのとある駅で下車して、タクシーに乗った。だが、目的地付近までは到着したものの、A出版が入っているはずのビルがどうしても見当たらない。仕方なくわたしは下車して、地図を頼りにビルを探すことにした。

ようやく、それらしいものを見つけたときはあぜんとした。

それは、江戸時代の長屋をほうふつする平屋建ての古い建物だった。5軒ほど間口の狭い会社が並んでおり、その中のひとつがA出版だった。かなり古い建物らしく、外見はぼろぼろだ。

玄関を入るとそこはすぐ編集室になっており、数人の社員が忙しそうに作業をしていた。近くにいた社員に用件を伝えると応接室に通された。狭い部屋に、粗末なテーブルといすがある。これまで、仕事の関係で、いろいろな会社の応接室に通されたが、これほどみすぼらしい応接室は見たことがない。天井や壁は茶褐色の染みだらけである。

応接室には既に歌川社長がいて、にこやかにわたしを迎えると、腰を掛けるように勧めた。

「あんまり狭いので、驚いたでしょう。ここは社長室兼応接室なんです。この建物は昭和30年代に建てられましたが、老朽化してしまいまして、台風の時は雨漏りすることもあるんですよ」

天井を見上げると、確かに水染みのようなものが見える。だが幸いなことに今日は雨漏りはしていないようだ。

社長は続ける。

「ここは本社ですが、分室が2カ所あるんです。1カ所にまとめようと思うのですが、なかなか資金がなくて……。でも、この会社は、将来必ず大きな会社になると思います。創業当時は、精神世界はうさんくさい目で見られていましたが、最近の状況はだいぶ変わっているではありませんか。精神世界を正しく分かりやすく読者に伝える使命が我々にはあるんです」

後日知ったのだが、社長はたいへん裕福な家に生まれ、出版事業を興したものの、うまくいかなかったという。そんなおり、知人の勧めで、ある新興宗教団体に入会したところ、社長の運勢はどんどん好転する。それで親から相続した広大な土地を教団に寄付したそうである。

「会社設立当初、うちは霊能者の本を数多く出していました。日本の霊能者はもちろんのこと、アメリカの霊能者の本も出版しています。でも、今は霊能者の時代ではありません。それ以上に奥が深くて普遍的なテーマを発見して、研究しているんです」

社長が言うことには、現在は人間の内的宇宙に迫る「宇宙論」というテーマに惹かれており、定期的にヨガの先生のところに話を聞きに行ったりもしているそうだ。

「そうだ、せっかく来社してくれたので、仕事の打ち合わせに入りましょう」

やっと本題にたどり着くと、社長は応接室から出て、若い男性編集者を伴って戻ってきた。編集者は頭を下げてあいさつすると席に着く。社長は言う。

「あなたには毎月400字詰め原稿用紙に換算して、20枚ほどのエッセイを書いてもらいましょう。原稿は、うちで発行している月刊誌に掲載します。ただ、貧乏出版社の悲しさで、佐々木会長のように高い原稿料を出すことができません。1枚につき1500円です。精神世界をテーマに好きなように書いてください」

帰りしな、社長は玄関まで来て見送ってくれた。社長と話をしていたのはほぼ1時間半。会社を出るころにはすっかり雨は上がっていたが、わたしは複雑な気持ちだった。

教団の広報紙を書いていたころは月の収入が軽く100万円を超えていた。A出版の月刊誌では1カ月にせいぜい3万円の原稿料にしかならない。でも、そのかわり、一般の書店に置かれる雑誌なので、本格的なプロのライターになることができる。

教団時代が異常だったのだ。わたしは自分に言い聞かせた。

✡ フリーエネルギー

静岡の自宅に戻ったわたしは、A出版が毎月発行している雑誌に目を通し、どのような記事を書こうかと考えていた。

その矢先、突然、電話のベルが鳴った。歌川社長だった。

社長はかなり興奮した口調でまくしたてる。

「大ニュース、大ニュースですよ。フリーエネルギーで動く製品が現実の物となったんです！」

社長曰く、フリーエネルギーとは、空間に存在する無尽蔵のエネルギーのことだそうだ。

それまで、石油という限られた資源を使って自動車などを動かしていたのが、フリーエネルギーが実用化すれば、それらの燃料なしでも動かすことが可能になる。そうすれば、高い金を払って中近東から石油を輸入する必要もなくなる、とのことだった。

社長は続ける。

「これは世界的なビッグニュースです。フリーエネルギーを使った機械と本を同時に発売すれば世界中を震撼させるほどの売れ行きになるはずです。もちろん、取材と執筆はあなたにお願いしたいと思っています。すぐに、上京してください。打ち合わせをしましょう」

当時はオカルト雑誌でも、永久機関と呼ばれる、動力源は何もないのに永久に動き続ける機械ができるという話が盛んに書きたてられていたので、ついに完成したのかとわたしは思った。教団をクビになってから2週間でこんな話が舞い込んでくるとは、なんという幸運だろう。

✡ 世界的なスクープ情報！

A出版の応接室を訪れると、すでに歌川社長、西村編集長と知らない男性が席に着いていた。男性の年齢は50代の半ばくらいだろうか。180センチほどと長身だ。私が入室すると彼は日焼けして真っ黒の顔を崩して親しみやすい笑みを浮かべた。

歌川社長の紹介では、貿易会社S社の常務取締役をしている富田であるという。富田はいくぶん出っ歯の口を開いて説明する。

「三浦さん、あなたはたいへん運がいいですよ。あともう少しで、フリーエネルギーで動くスクーターができるんです。今、私どもが開発した成果が世の中に出れば、大パニックになるのは間違いありません」

　わたしは尋ねる。

「その研究と製作は、どこで行われているんですか？」

「四国で宇宙船の開発をしている篠田博士の研究の成果がついに実ったんです。博士の理論に基づいて、中国で実用化の準備をしていましてね。最終段階の実験が済んだんです。年内には実用化されて、そのうちどこの家庭でも、フリーエネルギー製品が見られるようになりますよ」

「ほう！」

　歌川社長と西村編集長は、感嘆のため息を漏らす。富田は続ける。

「私どもが内密にことを進めているにもかかわらず、情報が漏れてしまったらしいのです。数日前、アメリカのＮＡＳＡから問い合わせがきたんですよ」

　それまでずっと黙り込んでいた西村編集長が問いかける。

「でも、そのような世界的なスクープ情報をどうして弊社のような零細出版社に持ちこんでくれるんですか？　それほどの情報ならば、大手出版社でも飛びつくはずですが……」

　富田はいくぶん声をひそめ、慎重に言葉を選びながら説明する。

「じつは私どもが開発したフリーエネルギーは、実験の結果では、どうやら人間の意識に反応するようなんです。つまり、人間の意識力で車を走行させたり、飛行機を飛ばすことができる可能性をじゅうぶん含んでいるのです。そこで古くから、人間の意識や精神世界について書かれている本を出している老舗である御社が最もふさわしいと、うちの社長も乗り気なんです」

「ほう！」

歌川社長と西村編集長は、再び深いため息をつく。いや、富田が説明している最中、ため息のつきとおしだったと表現しても大げさではないほどである。

3人の男性が黙り込んでいるときを見計らって、わたしは富田に質問した。

「実用化の準備はなぜ中国で行われているのでしょうか？」

「希土類磁石という物質をご存知でしょうか？」

「初耳です」

「ご存知ないのも当然です。フリーエネルギーを稼働させるためには、どうしても希土類磁石が必要なんです。希土類磁石とは希土類から作られる磁石のことなのですが、希土類はまれにしか産出しません。それに、価格も高いのです。ところが中国には全世界の半分以上の埋蔵量があるとされています」

富田の説明によると、希土類とは、スカンジウム、ランタン、セリウムなど17元素のことで、別名レアアースとも呼ばれ、いろいろな金属に添加すると優れた磁気特性をもつものがあるという。希土類磁石は磁気エネルギーが大きいという特徴があり、モーター、発電機、音響機器などに使用されていて、モーターの小型化と効率化を図ることが可能だという。

わたしは尋ねる。

「具体的にはどのようにして希土類磁石を使うんですか？」

「それは企業秘密です。でも、本が世に出れば、御社は自社ビルを持つこともできますよ」

話が一通り済んだので、社長と編集長は、富田に丁寧にあいさつをして会社に残り、わたしは富田とともにA出版を後にすることになった。

歩きながら富田が言う。

「三浦さん、せっかくですから駅前で食事をしていきませんか？」

✡ 若返りの水

中華料理屋の食卓に着くと、富田は話し出した。

「うちの会社は資本金が2億円なんです。A出版のような零細企業とは訳が違いますよ。中国の渡航費用や取材経費はうちで工面しますので、心配しないでください。先ほど話さなかったんですが、もっとおもしろい製品を開発中です」

「どんな製品ですか？」

「人間でも動物でも生物を若返らせる効き目のある水です」

そう言いながら、富田はわたしの手の甲の皮膚を人差し指と親指でつまむ。突然手を触られて驚いているわたしに対して、富田は平然と言う。

「硬いですね。ところがその水を飲むことにより、あなたは10歳以上若返り、手の甲の皮膚はもっともっと柔らかくなりますよ。わたしの手の甲をつまんでみてください」

おじさんの手なんて別につまみたくなかったが、断っても角が立ちそうなので仕方なくつまんでみた。だが、柔らかいか硬いか分からない。そもそも、ごく一般の中年男性の手の甲をつまんだことがないので比較のしようがない。

「どのようなメカニズムで若返るんですか?」

「ビレンケン粒子という物質を水に充てんするです」

「ビレンケン粒子とは何ですか?」

「人間の体から発生するエネルギーの一種です。この物質は、人それぞれ波長が異なっています。波長が合う人同士が出会ったり、つきあったりするんです。わたしがA出版やあなたと出会ったのも、この波長が合っているからなんです。おっと話が別の方向に行ってしまいました。とにかくビレンケン粒子を充てんした水を飲むと、どんどん若くなっていくんです」

ビレンケン粒子なんて聞いたことがない。おまけに富田の説明からは、ビレンケン粒子が入っているとなぜ若返るのかはまったく分からなかった。

「今、販売しているのですか？」

「まだ販売には至っていませんが、実験途中で生じた水は保存しています。どうしても欲しい人には分けているのですが、２リットル、つまり、ペットボトル１本で３万円なんです」

３万円は高すぎると思っていると、顔に出ていたようで富田にこう言われた。

「でも欲しい人は買っているんですよ。あなたはまだ疑わしそうな顔をしていますね。そんなに信じられないなら、わたしは今ここでお尻をめくって、見せたって構わないんですよ」

まっ黒に日焼けした富田が白いお尻を出している姿を想像するとおかしくて、わたしは思わず笑ってしまった。

富田は続ける。

「そうそう、わたしは来週の頭に中国へ行かなければなりません。明日、ご都合がよければ、ぜひわたしの会社に来てくれませんか？」

✡ 見るからに金持ちそうな田中社長

翌日、東京メトロ四ツ谷駅の近くで富田と落ち合い、会社に向かうことになった。

富田が勤務するS社は高層ビルのワンフロアを借りており、壁のいたるところに絵画が飾られている。私がそれを興味深そうに眺めていると、富田が近づいてきた。

「うちの田中社長は美術品が大好きなんです。社長の家は鎌倉にあります。そこには、美術品や骨董品がたくさんあって、中には1つ9000万円もするものまで置いてあるんです。社長はとても優しい人ですから、何も心配しないで面会してください。では、ご案内しましょう」

富田が社長室の扉をノックすると、中から声がする。富田は外で待機しているようなので、わたしはひとり、いくぶん緊張しながら入室した。

田中社長は上下とも真っ白のスーツを着ており、素人の目にもすぐに分かるほど高価な腕時計をつけていた。正方形の顔にべっこうで作られた眼鏡をかけて、大きな指輪をはめている。背丈は低く小太りで動作が鈍い。顔色が悪くて、半病人のようである。

社長は覇気のない声で言う。

「あなたが三浦さんですね。富田から聞きましたが、なかなか優秀な方だそうで……」

わたしは慌てて返答する。

「とんでもございません。富田さんが大げさにお伝えしたのでしょう。御社の中にはとてもすばらしい絵画や彫刻がありますね。大学で美術史を学んでおりましたので、興味をそそられまして、じっくり拝見しました」

「褒めてくれてありがとう。もとは父が骨董品を愛好していましてね。わたしもその影響を受けたんです。あなたのことは富田に任せていますので、分からないことがあったら、遠慮なく富田に聞いてください。わたしはこれから外出しますが、ゆっくり打ち合わせをしてください」

田中社長はこのように言うと、社長室から出ていった。表情に乏しく、何を考えているのか分からない男だった。

✡高級住宅へのいざない

入れ替わりに富田が入室して、切り出す。

「よい提案があるんですよ。鎌倉の田中社長宅に住むつもりはありませんか？」

「鎌倉……、ですか？　いったいどうして？」

「昨日、あなたが言っていたではありませんか。東京に賃貸マンションを探しているって」

確かに、昨日食事をしながら家の話をした覚えはある。静岡の自宅から東京に通うのは、時間の面からも費用の面からも得策ではないからだ。とはいえ、突然社長の家に住まないかと言われると、何か裏があるのではないかと勘ぐってしまう。

そんな私の考えを読み取ったかのように富田は言った。

「鎌倉の社長宅に今住んでいるのは、社長ではありません。社長の御両親なんです。お父さんが95歳、お母さんが85歳です。社長は都内のマンションに愛人といっしょに暮らしています。鎌倉にはほとんど行きません。数カ月に一度行くといったところでしょうか」

富田は笑顔を崩さずに続ける。

「御両親がこのように超高齢でしょう。何かあったら心配ということで、家政婦を雇おうと考えていたんですよ。そんなときに、たまたまあなたと知り合った」

富田はにやっと笑う。

「あなたは社長の御両親のめんどうを見る代わりに、ただで下宿して、勉強をしながら情報を待つ。社長宅は鎌倉の高級住宅街にあります。すぐ近くには鎌倉文学館もあって風光明媚です。あなたが鎌倉に行ってくれれば、あなたも社長も助かるわけです。悪い話ではないでしょう」

✡ 高額の骨董品だらけ

富田の行動は早い。翌日、富田とともにＪＲ横須賀線の電車に乗り、鎌倉へ向かっていた。ＪＲ鎌倉駅で江ノ島電鉄に乗り換え、由比ヶ浜駅で下車する。歩きながら富田は話す。

「昨日説明したように、社長の御両親は高齢ですが、心配は要りません。おじいちゃんは頭がしっかりしていて食事の支度や掃除をすることができます。少し問題なのが、おばあちゃんです。おばあちゃんはぼけてしまって、まともな会話をすることができません。それだけは御勘弁ください。あなたの待遇は社長と相談して決めたいのですが、1カ月いくらぐらい必要ですか？」

私は昨日から考えていた金額を伝えた。

「参考書代や交通費がかかると思いますので、30万円ほどいただければ助かります」

「ではそのように、社長に伝えておきます。社長宅が見えてきました。あそこですよ」

富田が指さす方向を見て、わたしは驚いた。これほど立派で、デザイン性に優れている邸宅を見たことがなかったからである。

200坪ほどの庭園は、入念に手入れされた樹木で囲まれており、地面は青々とした芝生が広がっており、バーベキューパーティーを楽しめそうである。

富田はその家に、勝手知ったる我が家のようにずかずかと入っていく。

玄関の手前に西洋の甲冑が槍を持って立っており、訪れる人を威圧しているかのようだ。玄関を入ってすぐそこは、50畳ほどの大広間になっており、長いテーブルといすが20脚ほど並んでいる。壁を背にして、スペインやイタリアで作られた家具が置かれている。

富田の案内で、2階に上がる。そこには4室あった。1室は絵画や骨董品を保管する物置として使われているようである。その隣は書斎。残りの2室は寝室である。3階建てになっており、上の階も骨董品の保管場所になっているという。

「この家は有名な建築家が設計したんです。釘を1本も使っていないんですよ」

　わたしは思わずため息をつく。静岡の自宅と比べてなんという違いだろう。ここにいると、自宅がみすぼらしく感じられ、みじめになってくる。

　1階に戻ると、富田は台所に行き、老夫婦を伴って姿を見せた。あらかじめ話が伝わっていたらしく、老人はあいさつする。

「あんたが、三浦さんかね。息子から聞いたよ。物書きさんだってね。わしは若いころ、印刷関係の事業をしていたんで、物書きのことはよく知っとる。この家は好きなように使って構わないからね。近所には、文学史上有名な作家の屋敷もある。散歩するのにもよいところだ」

　老人の声があまりにも大きいので、聞く側としては怒られているような気分になってくる。わたしはいくぶんろうばいし、簡単にあいさつを済ませた。すると、わたしの心を見透かしたように、富田が説明する。

「おじいちゃんは耳がほとんど聞こえないんですよ。自分が何を話しているのか分からないくらいにね。わたしも初めてお目にかかったときにはびっくりしたんだけれど、すぐ慣れますよ」

　この後老夫婦は、わたしに1階を案内して見せてくれた。

数日後、わたしは鎌倉の住人になっていた。２階の２部屋を借り、片方を書斎、もう片方を寝室にあてた。

老夫妻はテレビを朝の５時から大音量でつけることと、こちらの話を聞かないこと、そしてたびたび起こる夫婦喧嘩さえ我慢すれば、極めて扱いやすい人たちだった。

この家でわたしがしなければならない義務は、家事、買い物、ごみ捨て、などの雑用である。物書きとしての仕事は、週に一度S社へ行き、情報を聞き取ることと、A出版へ足を運んで、進行状況を報告することである。それ以外の時間は、遊んでいても構わない。わずかこれだけで、月に30万円というのはかなり恵まれた待遇だろう。

✡ 肩透かしのフリーエネルギー

鎌倉の家に住み始めてから２カ月半が過ぎようとする頃、富田から電話があった。

「フリーエネルギー装置の部品が中国から届いたんですよ。ちょっと、会社まで来ませんか？」

富田から勉強用にと渡された中国関係の資料はフリーエネルギーに直結するものがほとんどなく、本当に大丈夫だろうかなどと考えていた矢先だったので、わたしは二つ返事で翌日に伺うと答えた。

S社を訪れると、いつものように富田は日焼けした顔から、黄ばんだ歯をニッと出して笑う。

「どうですか？　鎌倉での生活は？」

「なかなか快適ですよ。落ち着いたよい街です」

「ああ、それはよかった。これが部品です」

そう言いながら富田が出したのは、大きなステンレスのボールの底に穴が開いて、何やら小さい機械をはめ込んでいるものだった。もっと複雑で端正な形を想像していたのでがっかりする。これでは出来損ないのおもちゃである。

富田は説明しながら、電圧計をセットする。

「しっかり見ていてください。部品とつなぎますから。どうです？　針が動いたでしょう」

言われてみると確かに電圧計の針は少し動いた。だが、こんな微弱な電圧では、スクーターや車を動かすのは無理に違いない。

「これはステンレスのボールでできているんですが、ボールの内側に向かって、ビレンケン粒子が集まるので、電気が発生するんです。ステンレスではなくてチタンの方がもっと大きな力が出るので、中国へチタン製のボールを発注したんです」

富田は部品と電圧計を片づけながら続ける。

「そうそう、あなたにぜひ紹介したい人がいるんです」

「どなたですか？」

「鄧さんといって、鄧小平の御親族です。彼にあなたのことを話したら、会いたいと言うんです。中国の特権階級の人で、御殿のような家に住んでいます。ちょうど日本の皇族みたいなもんです。今、日本にいますから、呼んでみましょう」

✡ 鄧小平の親族と名乗る男

ほどなくして、鄧が訪れた。背丈は180センチほどで、眼鏡を掛けている。富田からは40歳と聞いていたが、それより10歳ほど若く見えた。なかなか整った顔をしている。

華僑ビジネスの書籍を執筆した際に調べたので、中国の大物が意外と来日していることは知っていたが、実際に鄧小平なんていう大物の親族が現れるなんてにわかには信じがたかった。

わたしは恐る恐る鄧に尋ねる。

「日本語を話すことはできますか？」

「はい、少し。わたし、北京大学を卒業してから、日本の早稲田大学に留学しました。日本語、難しい。全然分からなくて、いつもずっと1人でした。友人、できませんでした。わたしの日本語、おかしいですか？」

鄧は自分の日本語がおかしいのではないかと気にしていたが、十分伝わる日本語力を持っていた。日本に留学していた時は早稲田大学で日本文学を専攻していたそうだ。中国で北京大学も卒業している。ケチのつけようのないエリートだ。本当に鄧小平の親族かを確かめる手段はなかったが、態度や話しぶりからも、それなりの身分の人であることが窺われた。

「今はどのようなお仕事をしていますか？」

「貿易事業です。S社は貿易会社。それで、田中社長や富田さんと知り合ったんです。三浦さんのお仕事は？」

「ものを書く仕事、ライターです」

「すばらしい！」

今にも立ち上がらんという勢いだ。その反応に、気おされながらも悪い気はしなかった。

「わたし、親類に作家がいます。たいへん尊敬しています。中国では、働く女性のこと、職業婦人、いいます。三浦さんも、職業婦人ですね」

「そうです」

「お願い、あります。鎌倉には、鎌倉文学館があると富田さんから聞きました。次の土曜日、鎌倉、行って、文学館、見たいです。案内してくれますか？」

イケメンに頼まれては断れない。私は「喜んで」と答えていた。

✡ハンサムな中国人

わたしは鄧と約束した時間よりも早めにJR鎌倉駅のホームに着いた。夫がいる身ではあるが、魅力的な中国の紳士を案内するなんて、デートみたいで少しうきうきしてしまう。

やがて横須賀行きの列車がホームに滑り込み、おおぜいの観光客が吐き出された。人の群れに交じって、背の高い男がゆっくり近づいてくる。鄧だった。上下ともセンスのよい濃紺の服を着ており、男の生まれ育ちがよいことを示しているようである。鄧は礼儀正しく頭を下げてあいさつする。

「こんにちは。お待たせしましたか？」

「いいえ、今来たばかりです」

わたしは愛想よく答え、続ける。

「最初に田中社長のお宅へ行って、社長の御両親に紹介したいですが、よろしいですか？」

「もちろんですとも」

わたしが江ノ電の切符を買うために自動発券機に硬貨を入れようとすると、鄧はそれを制して自分の財布の中から金を出し、2人分の切符を買って1枚をわたしに手渡した。

S社長宅に着くと老夫婦は待ちかねていた様子である。わたしが台所へ行き、老人に鄧が訪れたことを知らせると、95歳という高齢と思えないほど慌ただしい勢いで玄関に向かう。

「鄧さん、お待ちしていました。さあさあ、お上がりください」

老人は、ばか丁寧にあいさつすると、次の瞬間、わたしのほうに向き直り怒鳴りつけた。

「さっさとお客さまのスリッパを並べんかい！」

大広間には天然うなぎの重箱が並んでいる。老人は鄧にいすを勧めると、再び怒鳴る。

「お茶を出さんかい！」

これでは、まるで家政婦と同じ扱いである。わたしは非常に不快に感じた。

老人は鄧に向かって、話しかける。

「鄧さん、いつも息子がお世話になっているそうで、ありがとうございます」

老人は頭がテーブルにつくほど、深々とおじぎする。

「あなたさまは、りっぱな家柄のご出身だそうで……」

「父は人民解放軍の中将です。一般市民が入ることができない特別地区に住んでいます」

「日本語がずいぶんお上手ですな」

「わたしにとって日本語、とても難しいです。日本人が話をしているのを聞いていても、分からない部分、多いです。わたし、早稲田大学の留学期間含めると、5年くらい日本にいることになります。でもなかなかうまくなりません」

「ほう。僕も早稲田大学の出身ですから、あなたは後輩ということになりますな。とにかく鄧さん、息子の事業が成功するよう、援助してください。お願いします」

老人は鄧の手を握りしめ、首がおかしくなるのではないかと思うほど、何度も頭を下げた。

帰りがけに鄧が老人に尋ねた。

「わたし、文学館、行きたいです。ここから遠いですか？」

「いや、あなたの足では10分も歩けば着くでしょう」

「三浦さんに鎌倉の名所を案内してもらうつもりです。この近所にホテルか旅館、ありますか？　わたし、鎌倉に1泊して、明日、東京、帰りたいんです」

「そんなところに泊まらなくてもいい。この家の2階に部屋が幾つもあります。遠慮なく、休んでいってください」

老人はいんぎんに言うと、再びわたしに向かって命じる。

「あんたはちゃんと鄧さんのめんどうを見るのだぞ。大事なお客さまだからな！」

✡ 中国特権階級の生活

わたしたちが鎌倉文学館から社長宅へ戻ったのは午後8時くらいのことだった。老夫婦は既に眠っている。

鄧を2階に案内した。書斎のソファーに腰をおろした鄧はテーブルの上に置いてある中国語で書かれた本を見て、驚きの声をあげた。

「中国の本ですね！　中国語、勉強ですか？　少し読んでください」

わたしが1ページだけ朗読すると、鄧は大変喜んでくれた。これ以降、鄧とわたしは中国語と日本語のチャンポンで話し、分かりづらいときは筆談でやり取りすることになった。

「鄧さんは、北京でどのような暮らしをしているんですか？」

「17室ある家に住んでいます。わたし、そのうちの3室を自室として使っています。1室はテレビを見る部屋、1室は書斎、1室は寝室です。これ、社長や富田さんにはないしょの話」

そう言って彼はこちらにウインクする。

「姉1人、妹1人います。2人とも結婚して、家にいません。今は、父母とわたしの3人で住んでいますが、大きな家に3人なので、とても寂しいです。それから、5人、使用人います。料理人、運転手、ガードマン、家事をする人、みんな男で軍人です。父はとても地位が高いです。軍人たち、みんな父に最敬礼します。母は英語、話すことできます。1カ月、2回、香港へ買い物に行きます」

鄧の話はすべてスケールが大きく、まるで夢物語のようだった。

✡ フリーエネルギーって何ですか？

「話は変わりますが、フリーエネルギーで動くスクーターは、年内に完成するでしょうか？」

わたしはかねてから気になっていた話題を持ち出した。

「フリーエネルギー？　それ、何ですか？」

「ガソリンではなくて、空間にあるエネルギーを使って、乗り物や家電などを動かすことのできるエネルギーです」

「ハハハ、そんなこと、可能になるとは夢のような話ですね」

富田が中国で研究をしていると言っていたので、鄧も知っているかもしれないと思ったのだが、一笑に付されてしまった。

「でも富田さんが、中国の希土類磁石やチタンを使って、フリーエネルギーの実用化が年内いっぱいに可能になると言っていましたよ。鄧さんが知らないのは、S社が企業秘密にしているからではありませんか？」

「中国人同士、口コミが盛んです。わたしのところにはS社のどんなささいな情報も入ってきます。富田さん、田中社長、S社、全体的に、とても変なんです」

「具体的には？」

そう尋ねると、鄧は捲し立てるように話し出した。

「社長の弟は脳性まひの身体障害者、仕事を全くしないのに給料が支払われている。田中社長の人間性もおかしい。社長は今晩この家に来るって、昨日約束したばかりなのに、来ていない。わたし、社長に1500万円貸しました。でも返す約束日を過ぎても、いっこうに返す気配がない。今晩、貸したお金について話し合う予定だったのに、このとおり来ていないでしょう」

彼はタバコに火をつけると、苛立ちを抑えきれないといった感じで広い書斎の中を歩き回りはじめた。

「社長と富田さんの関係も変なんだ。富田さんは飲み屋に行って、そこで初めて社長と会った。翌日から、富田さんはS社に出入りするようになった。富田さんは勝手にS社の常務取締役と名刺に刷ってしまったけれど、社長は何も怒らない。自分のクレジットカードを富田さんに貸したり、中国への渡航費用を何回も出したりしている」

「田中社長は、覇気のない人という印象しかないけれど、そんなにルーズだったとは知らなかったわ。富田さんは一見人当たりのよい人物に見えるけれど……」

鄧は持っていたタバコを灰皿に押し付けて消し、新しいタバコに火をつける。

「いや、富田さんはどうかしているのではないかと思う。富田さん、中国人の若い女性が、日本に滞在できるように世話したことあります。深夜、その女性宅に行って、お茶を飲ませてくれ、言いました。女性が断ると、ものすごい剣幕で女性をどなりつけた。女性は入国管理局に訴えて、社長も呼ばれた。たいへんな騒動になったこと、あります。社長、S社、富田さん、分からない、分からない。考えただけで、頭、おかしくなります」

箱の中の最後の1本を吸い終えると、鄧は言った。

「もうこんな時間です。寝ましょう」

隣室に鄧を案内して、書斎へ戻ると時計は午前3時を示していた。

私は鄧に聞いたことが頭を巡ってしまい、遅い時間にもかかわらずなかなか寝付くことができなかった。先日見せてもらったフリーエネルギーの装置があまりにもしょぼかったこともあり、この話は怪しいのではないかという疑惑が私の中に芽生えていた。

✡本当は金持ちではなかった社長

翌日の正午、わたしは鄧をJR鎌倉駅まで送ると、急いで社長宅に戻り、S社の富田に電話を掛けた。

「富田さん、フリーエネルギーの実用化の件ですが、まだ情報は入ってきませんか？」

「ああ、三浦さんですか。今、会社の中が、がたがたしているんです。実用化は間近なんですが、社内で意見が分かれていましてね。実用化の資金をめぐって、激しい議論になっているんです。申し訳ございませんが、もうしばらく待っていただけませんか？」

「分かりました」

わたしは力なく言うと、受話器を置く。鎌倉に滞在してからすでに3カ月が過ぎようとしていた。フリーエネルギーが実用化されなかったら、この期間は全く無駄だったことになる。思わず頭をかかえこみ、敷いたままになっている布団に横になる。

ふと顔を右側に向けると、イタリア製の猫足家具の下に、紙片があるのに気づいた。手を伸ばして紙片を取り、開いて見る。それは、海外宝くじの外れ券だった。

その時、玄関のチャイムが鳴った。扉を開けると植木屋と名乗る中年男性が立っている。

「3カ月前、庭木を手入れしましたが、まだ代金が振り込まれていないんです。請求書を置いていきますから、月末までに入金してください」

朝から鉛色をしていた空は、夕方になると大粒の水滴を落とし始め、やがて大雨になった。ぼんやり窓の外を眺めていると、傘を差した男が田中社長宅の前に立ち止まり、かばんの中からカメラを取り出し、こちら側に向ける。数回フラッシュの光が散った。写真を撮ると、男はそのままUターンして足早に去っていった。

わたしは男の奇怪な振る舞いに恐怖感を覚え、台所にいる老夫婦に知らせると老人は力なくつぶやいた。

「近いうちに僕とワイフは、この家を出なければならないかもしれん。この家を担保にして金を借りているんじゃが、返済したくてもできない状態なんじゃ」

大金持ちだとばかり思っていた田中社長が、多額の負債を抱えていたとは……。おそらく海外の宝くじを買ったのも、借金返済が目的だったのだろう。

✡ でたらめだったフリーエネルギー実用化の話

この日の夜、ひさしぶりに社長が鎌倉に戻ってきた。玄関に入ってきた社長に言う。

「社長、お話がありますので、あとで書斎へ来ていただけますか？」

田中社長はうなずくと、すぐ書斎を訪れ、入口の近くにあるいすに腰を下ろす。

いい加減に進展のなさにうんざりしていたわたしは、詰問調で話しかけた。

「社長、フリーエネルギー実用化の話は、どうなっているんですか？」

「ああ、あれはダメだ。たぶん１００年たっても完成しないだろうね」

「でも、富田さんの話では、年内中に出来るって……」

「そのことについて１週間前、富田をしかったんだよ。あんまり外でいいかげんなことを言うなってね。富田はかわいそうに妻子に逃げられて、頭がおかしくなってしまったんだ。今さら富田を責めてもしかたがないことだしね」

「しかたがない、ですって？　では、わたしがこの家で3カ月間滞在したのは、全くの徒労だったんですか？　それに最初の約束では1カ月当たり30万円頂けるということでしたね。8月分は頂いていますが、残りの2カ月分の請求書を送ったのに、まだお支払いがありませんね」

「請求書は会社の経理宛に送ったでしょう。このわたしに直接手渡してくれなきゃ」

「では、改めて請求書を作成しますから、払ってくれますね？」

社長はあいまいな返事をして、逃げるように書斎から去り、駐車場へ向かった。

フリーエネルギーが実用化されないと分かったからには、この家にいる理由が見つからない。ふんまんやるかたない気持ちで、わたしは静岡への帰り支度をした。

3カ月ぶりに自宅へ戻ると、いくぶんやつれぎみの夫は玄関まで駆けつけてきた。

「お帰り。長い取材で疲れただろう」

夫は寂しい思いをして不自由な生活をしていたにもかかわらず、温かく出迎えてくれる。わたしは涙をこらえることができなかった。

予期していたとおり、田中社長からの送金はない。所用で上京する途中、鎌倉の邸宅へ赴いたら門に「売り家」と書かれた看板が掛かっていた。

東京・四谷のS社を訪ねたら平日の昼間なのに、入口がシャッターで閉じられている。S社は倒産して、債権者から追われるのを恐れて夜逃げしたらしい。

わたしは3カ月間、富田の誇大妄想と人格障害者の社長に振り回されただけで、有益な情報が得られなかっただけでなく、老夫婦の世話をさせられたにすぎなかったのだ。

「あとどのくらいの資金があればフリーエネルギーが実用化できる」というように持ちかけて、出資を募るケースがあるということを聞いたことがある。田中社長や富田も四国に住んでいる篠田博士に騙されていた可能性が強い。

読者の皆さまもフリーエネルギーを語る詐欺にはじゅうぶん気をつけていただきたい。

第3話 怪しい台湾人気功師

～肩こりさえ治せない気功術～

✡ はじき飛ばされる人々

秋、わたしは知り合いのライターからＮＳＣのイベントに誘われた。

ＮＳＣというのは精神世界の実践者たちのグループのことだ。年に数回イベントを開くほか、会員に広報紙を配布することを主な活動としている。

主宰しているのは、昭和30年代に一世風靡した連続テレビドラマの脚本家、小川さんである。もともと、精神世界に興味を持っていたので霊能者や超能力者を集めて会員組織を立ち上げたそうだ。このグループからテレビや週刊誌に取り上げられて、有名になった人も何名かいる。

イベントはＪＲ飯田橋駅を下車して５分ほど歩いたところにあるホテルの広間で行われた。

会場には霊能者がおおぜい詰めかけていた。この人たちはおそらく、相談者からは「先生」と呼ばれているに違いない。だが、けばけばしい着物やインドや中近東風の服装が、まるでキツネやタヌキが化けたのではないかと思いたくなるほど奇怪で漫画的でもあった。

イベントはつつがなく進行し、精神世界の研究家や作家数人が講演を行った。

講演が一区切りつくと、突然、主催者側のスタッフがいすやテーブルを片づけ始めた。

そして入り口から、中国のカンフー映画によく出てくるような黒色の衣服を身にまとった男女５、６人が登場した。その中の60代ほどの小柄な男性が中心に立ち、周りを取り囲んだ男女に向かって、手で軽く押すような動作をする。

するとどうだろう。小柄な男性と周囲の男女は2メートルほど離れていたにもかかわらず、向けられた手の先にいた若い男性が後方に倒れた。後頭部を床に打ちつけないために、後ろに立っていた数人の男女が倒れた男性を支える。

わたしはこれを見て、イベントを行なう前に厳密に打ち合わせをした演技だと思った。ところが、見ているうちに彼らの行動は強さと勢いが増していく。そのうちカメラマンや周囲の一般人まではじき飛ばされるようになり、会場は騒然となった。

会場に集まっていた人々は、精神世界に関心を抱いている人ばかりなので、黒衣の老人に畏敬の念をもって注目し、駆け寄って握手と名刺交換を依頼する。もちろん、わたしもその中に交じって名刺交換をしてもらった。

老人の名前は「許金水《キョキンスイ》」で、台湾人とのことである。許の気功があまりにも視覚的に強烈だったので、この後に行われた気功ダンスや霊的なイベントが甚だ貧相に見えたほどだった。

翌日の早朝、見知らぬ番号から電話が掛かってきた。

「おはよう！　あなたは昨日、わたしの気功を御覧になってどう思いましたか？」

一瞬返答に困り、声が出ない。いったい誰だろう。寝起きの頭をフル回転させようとするが、なかなかエンジンがかからない。

「太極拳の許です！」

まだピンとこない。電話の主は一方的に話し続けている。

「黒い服を着た人たちが、おおぜい出てきて、そのなかで1番歳をとった人が、離れたところから気を送ったら、みんなバタバタ倒れたでしょう。あの時の中心人物が、わたし、許です」

それを聞いて、やっとわたしの頭に昨日の光景が蘇った。

「ああ、昨日の許先生でしたか！」

「そうです。わたしの気功を見て、どう思いましたか？」

それは、わざわざ朝の8時に電話を掛けて聞かなければいけないようなことなのだろうか？一瞬切ってしまおうかと思ったが、そこはぐっと我慢をして話を聞いた。

許によれば、昨日の気功は能力の一部にすぎず、難病を瞬時に治すようなこともできるそうだ。がんはもちろんのこと、人工透析を受けている患者を健康体にすることもできるという。

わたしは口を開く。

「それが事実でしたら、すごいことですね」

「事実ですとも。あなたに電話を掛けたのには訳があるんです。わたしは〝易〟にも詳しいんです。易は占いの方法として知られていまして、正しく使えば未来を具体的に、しかも正確に当てることができます。昨日、わたしは多くの人と名刺交換しました。そのほとんどは捨ててしまいましたが、あなたの名刺だけは大事に保存しています。あなた、有名になります」

「まさか！」

「ほんとうです。あなたがわたしのことを詳しく書いて、本として売り出したら世の中、たいへんな騒ぎになります。あなた、わたしの技のすべてを書くべきです」

許は自分のことを徹底的に知ることから始めるようにと命令調で言った。そして、上京したとき、許が弟子と自分の技で治った人たちを集めるので、その人たちから、体験談を聞くようにと言い、長い電話を切った。

わたしは腑に落ちないものを感じていた。がんや難病が治るという話は、即時には認めがたい。それに、ライターになったばかりの者を選んで連絡してきたのもひっかかる。

許が自分について書いてもらうのを望むならば、なぜわたしのような駆け出しのライターに目星をつけたのだろう。イベントの会場には、わたし以外のライターやジャーナリストがおおぜいいた。彼らを差し置いて、わたしに白羽の矢を立ててきたのはおかしいのではないか。

✡ 電話取材の成果

許は最初の電話を掛けてきてから、ほぼ毎日のように連絡してきた。

その日の電話は、許がイベント会場で治療をした人に電話をしてみろという内容だった。

許曰く、過日、イベントで、肉体的な病を抱えている人たちの症状を治す気功を行ったそうだ。それは、こんな具合だった。

まず病を抱えている人に、こう言わせる。

「許先生、お願いします！」

許は空間を右手でサッと、切るような仕草をする。その後、病人にこう言わせる。

「許先生、ありがとうございました！」

許の説明では、気で空間に「無限倍増反動気幕」というものを作ることにより、人を投げ飛ばしたり、病気を治すことができたりするという。

「あなた、今からわたしが電話番号を言いますから、メモしなさい。電話を掛けてその人が、病気が治ったかどうかを確認しなさい」

このころのわたしは、まだ電話取材の経験がなかった。突然電話を掛けて、切られたり、怒鳴られたりしたら嫌だなあと思ったが、さんざんあれこれ悩んだ末、しぶしぶダイヤルを押す。

「突然の電話で、申し訳ございません。わたしは許先生を取材している三浦という者です。あなたはイベントのとき、許先生の気功を受けていましたね。今は、どのような具合か教えていただけませんか？」

電話を掛けてみると、意外に多くの人が感じよく話を聞かせてくれた。

「そうですね。腰の痛みをとってもらいました。おかげさまで、今ではなんともありません。許先生に感謝しています」

だが、この答えは、よいほうである。心臓病を治してもらったという女性に電話で確認すると、こんな答えが戻ってきた。

✡微妙な効果

「心臓は楽になりましたが、翌日、診察を受けると子宮筋腫ができていると言われました」

この女性の言葉を許に伝えると、彼は次のように言った。

「この女性はとても因縁が強いんです」

「因縁とは何ですか?」

「この女性はお世辞にも性格がよくありません。我が強くて自己中心的な考えをしますし、神仏や先祖を供養する気持ちもありません。だから、この女性の子宮筋腫をわたしが治してあげても、心のありかたを改めないとまたおかしな病気になってしまうんです」

赤の他人を捕まえて、お世辞にも性格がよくないとは酷い言い草ではないだろうか。

その後、わたしは10人ほどの被験者に電話取材したが、腰痛以外は劇的な治癒例がなかった。わたしは正直な感想を許に伝える。

「先生、被験者10人のうちわずか1人だけ先生の気功の効果を認めているんですが、これはどう考えたらよいのでしょうか？」

「その答えは簡単です。わたしの力で症状が治っても、ほとんどの人が神仏や先祖に飲食物をお供えしていません。また、治していただいたという感謝の念がないんです。長年の難病が瞬時にして治ってしまった例は、数え切れないほどあるんですよ。でも、みんな痛みを忘れると、神仏、先祖霊への感謝、わたしに対する感謝も忘れてしまう。わたしは非常に悲しい」

彼は本当に悲しそうな声で言う。

「でも、これまでの症例だけではデータ不足で、書籍どころか雑誌の記事にするのも難しいと思います。別のライターさんに依頼されてはいかがですか？」

「そんなこと言ってもいいと思っているんですか？　いいですか？　わたし、たいへんな福の神です。ＮＳＣが栄えているのは、わたしがいるからなんです。わたし、いなくなったらＮＳＣ、すぐつぶれてしまいます」

今度は一転、怒鳴りだした。感情の起伏が激しすぎる。

「カモがネギを背負ってきたら、あなた、どうします？　捕まえますか？　捕まえたくなるでしょう。わたし、カモネギです。あなた、わたしのこと書けば、本がたくさん売れて、印税がどんどん入ってくる。金持ちになる。またとないチャンスを逃すほど、頭悪くないでしょう。あなた、わたしから離れると、ツキに見捨てられます。不幸になります」

わたしは少しむっとして、黙り込んだままでいると、許は続ける。

「とにかく、あなた、上京しなさい。わたしの弟子とわたしのおかげで幸福になった人たちを集めます。約束ですよ」

一方的に命令調で言うと、許は電話を切った。

✡ がっかりな体験談

翌週、指定された喫茶店へ行くと、許のほか、弟子と思われる６人の男女と、外国人の男性１人が待機していた。

わたしが許にあいさつすると、許は外国人の男性と向かい合って座るように指示する。どこの国の人であるのか分からないので戸惑っていると、相手は流ちょうな日本語で話し出した。

「わたしは35歳のイギリス人です。20代のころ、東洋医学に関心を持ちまして、日本に来ました。鍼灸師の資格をとって、東京で開院しました」

彼は大振りのジェスチャーを交えながら話し続ける。

「わたしの診療所に通院していた日本女性と結婚しましたが、なかなか子どもに恵まれません。鍼灸治療でも妊娠しないのです。あきらめていたとき、許先生と知り合いました。先生は、わたしとわたしの妻に気功をかけると同時に、〝おめでとうございます！〟と言いました。それから間もなく、妻は妊娠して、わたしはパパになったんです」

つぎにわたしの手前に座ったのは20代半ばぐらいの女性である。

「母が急病で倒れたと兄が伝えてきたので、すぐ、先生に連絡しましたら、遠隔で気を送ってくれました。そのためでしょうか。診察の結果、貧血だったことが分かりまして、病院で1時間ほど休んだだけで、帰宅することができたんです」

正直な感想を言ってしまうと、難病を治した体験談が聞けると期待していたため、わたしはがっかりした。これでは記事にするにはまったくインパクトに欠ける。

✡治るというのは真っ赤なウソ

女性が話し終えると、許がわたしの手前に座り、ウェイトレスに紅茶を注文する。テーブルの上に置いてある砂糖の入ったガラス瓶を取り寄せると、紅茶の中に砂糖を全部入れてスプーンでかき混ぜる。ティーカップをわたしの前に置いて、次のように言う。

「一口飲んでみなさい」

口にするとかなり甘い。許は続ける。

「では、これから、この紅茶に気を入れます。そうすると、紅茶の味が変わり、あなたの疲れと体の不調が消え去ります」

許はティーカップに手をかざすと、再び紅茶を勧める。

「どうですか？　味が変わっているでしょう。それに、体の不調も治っているはずです」

だが、許が自信を持って言うほど味に変化はない。わたしの慢性的な肩凝りも治っていない。

次に許は若い男性を呼んで紹介する。

「この人は私の弟子の紹介で、今日ここに来ました。大学生でひざが痛くて曲げられないんです。さあ、見ててください」

許は過日イベントで行ったように、手をひと振りした。青年は許の気を受けるときの作法を知っていたらしく、直ちにこう言った。

「ありがとうございました！」

「安田君、今ここで、ひざを屈伸しなさい」

安田君と呼ばれた若い男はその場で屈伸してみせた。許は再びわたしのほうに向き直ると自慢げに話す。

「どうです？　わたしの実力が分かったでしょう」

帰りがけに、わたしはさきほどの大学生を呼びとめて尋ねた。

「安田さん、許先生に気をかけてもらって、今はどうなの。治ったの？」

安田は答える。

「いや、全然治っていませんよ」

「ひざの屈伸をしていたようだけれど……」

「あの程度の屈伸なら、いつでもできるんです。少し痛いですがね」

わたしはあぜんとして声も出なかった。

✡ 甘えがあるから治らないんだ

翌日、わたしの携帯電話が鳴った。掛けてきたのは、許である。

「明日の午後1時にJR八王子駅の改札口でお待ちしていますから、必ず来てください」

許は一方的に言い、わたしの都合など尋ねもしないで、電話を切った。

いい加減に茶番だと思っていたので付き合いたくなかったが、もしかすると、という気持ちも捨てきれず、結局わたしは八王子駅に向かった。

　許が指定した場所へ行くと、許と一緒にNSCの小川会長がいた。わたしを含めた3人は、駅前の喫茶店に入る。いすに座ると小川会長は、1通の手紙をかばんの中から取り出し、目を通すように言う。便せんには次のような文章が書かれていた。

〈僕は2年前、交通事故に遭い、下半身不随の体になりました。こうなったのも、自分の不注意から招いた不運だと思い、あきらめようとしました。でも、この先、進学や恋愛、結婚に支障があると考えると、あきらめきれません。小川先生にお手紙を差し上げたのは、僕の体を治してくださる霊能者を紹介していただきたいからなのです。どうかよろしくお願いします〉

　読み終えて、手紙を封筒に入れると、許が口を開く。

「これから3人で、この青年宅を訪ねます。あなたは、わたしの力がどれだけすばらしいかを目の当たりにするでしょう」

　3人を乗せたタクシーが青年宅に到着する。玄関先には、青年の両親が立っており、わたしたちに向かって深々と頭を下げた。案内されてリビングルームに入ると、手紙の差出人である車いすに座った青年が、軽く頭を下げる。許は青年に近づいて尋ねる。

「さあ、どこが悪いのか詳しく説明してくれませんか?」

「腰から下が全く動きません。トイレに行くときなども、母さんの助けがないとダメなんです。先生、僕の体は治りますか?」

青年は泣きながら訴える。許は続ける。

「では、これからわたしの気をあなたに送ります。そのとき必ず〝ありがとうございます〟と言ってください。そうすればあなたの体、きっとよくなるはずです」

許は青年の腰から、50センチほど離れたところから、手をひと振りした。

「ありがとうございます!」

「体を少しずつ動かしてください」

許は指示する。青年の両親は、近くでかたずをのんで様子をうかがっている。青年は上半身を前に倒そうと懸命に努力しているようである。許は語りかける。

「少し動いたではないですか。もっとがんばれ!」

今度は小川会長が応援するのだが、少しも立ち上がることはできない。1時間ほどそうしているうちに、青年は額に汗をかき、疲れたらしく車いすに座り込んでしまった。

帰りの電車の中で、許と小川会長は、こんな会話をし始める。

「あの青年の心には、母親に甘えたいという意識、ありますね。体、不自由なら、身の回りの世話、全部母親がしてくれる。その甘えの気持ちがあるから立つことができなかったんです」

「許さんがおっしゃるとおりです。わたしもそう思いました。帰りがけに、お母さんが謝礼金をくれたんですが、今見てみましょう」

小川会長は、そう言いながら、白い封筒の上部を指でちぎり、小さい叫び声をあげる。

「ややや、なんだこれは！　たった2万円しか入っていない。霊能者や気功師などに出張を依頼するときの相場は、10万円なのに……。こんな非常識な親だから、あの子も救われないんですよ。このお金は、許さんが取ってください」

「いいえ、小川先生こそ取ってください」

けっきょく謝礼の2万円は、許と小川会長が1万円ずつ取った。

✡もう少し辛抱しなさい

宿泊所に戻ったわたしは、鉛のようにずしりと重い気持ちを抱えており、コンビニで買ってきた食べ物にも手が出ない状態だった。

「きっとよくなるはずです」と断言していたにもかかわらず、青年の状態はちっとも好転しなかった。許はさかんに自分の力を吹聴してるが、気功の実力はなく、わたしはペテン師に振り回されているだけのように思えて仕方がなかった。

翌日、許から電話が掛かってきた。

「昨日、あの男の子が完治しないのは、わたし、前日から分かっていました」

「それではなぜ、行かれたのですか？」

「神さまから、行くように言われたからです」

「でも先生は〝きっと治るはずです〟とおっしゃっていたのではありませんか？」

「あの子に生きる自信を与えるためです」

治ると希望を持たせておいて治らなかったら、一度夢を見てしまった分、よけいに大きな絶望感にさいなまれるのではないだろうか。無責任な話である。

「申し訳ございませんが、先生の取材はもう勘弁していただけませんか？　先生のおっしゃるとおりに動いても、お金にならないんですよ。お金がないとわたしは生活ができません。1つ思い出しました。先生は確か、宝くじに、気を入れれば高額当選させることが可能とおっしゃっていましたね。今から、宝くじを買ってくれば、気を入れてくれますか？」

「それはできません」

「どうしてでしょう？」

「神さまがあなたを選んで、わたしを取材するように言われたからです。わたしの弟子たちもみんな苦しい経済状態なのに、がんばってわたしをサポートしてくれているじゃないですか。あなた、もう少し辛抱しなさい。光はすぐそこまで来ています」

わたしは、許からの電話に二度と出ないように決心して、静岡へ戻った。

それから間もなく、許が詐欺罪で訴えられて、カナダへ逃げたことを知った。

関係者の話によれば、がん患者から１００万円を受け取って、気功の治療をしたものの患者がすぐ死亡したので、訴えられたという。

この話を聞いて以来、再び許と会うことも電話が掛かってくることもなかった。

第4話

「魔界」を信仰する集団

～大はずれの地震予知～

✡ コネをもつ男

許に振り回されていたさなか懇意になった男性がいる。「独ニーダーザクセン州日本支部」という日本企業とドイツ企業の仲介をする会社の社員、山本である。

山本は正社員ではなく、フリーランス契約に基づいてこの会社へ毎日、定刻に出勤しているものの、副業として幾つかの会社でも働いていた。小川会長が率いるＮＳＣの顧問という肩書きも持っており、許を知るきっかけを作った飯田橋のホテルの大広間で催されたイベントの企画を立ち上げたのも山本である。

ある時、小川会長を囲んで飲み会が開かれた。許の隣に座った白いジャージを着た40代くらいの男が、しきりに許に質問をする。この男こそ山本だった。

「先生、気の力でこのコップを宙に浮かせることはできますか？　ビールの炭酸を瞬時になくしてしまうことはできますか？」

わたしは2人のやりとりに興味を持ち、凝視していたが、周囲の喧騒にまぎれて、なかなか聞き取ることができないでいた。

その時、許がわたしの方に向き直り、山本と名刺交換するように執ように促した。

山本が帰宅した後、許はわたしに、許が気功を行っている場面を撮影したビデオと写真集を渡して命じた。

「三浦さん、あの人、テレビ局にコネがあるそうです。わたし、有名になるにはテレビ出演するのが手っ取り早い。あの人に連絡して、これらの資料を見せなさい！」

やれやれと思いながらも、山本の名刺に書かれていた番号にダイヤルしてみた。すると、英語のナレーションで留守中の用件うかがいをしてくる。

わたしはしりごみして、電話を掛ける気力を失なってしまった。だが、何もしなかったことが許にばれると面倒なことになりそうなので、とりあえず、許の資料を渡したいという旨を書いた年賀状を山本に送っておいた。

年が明けると、山本から1通のはがきが届き、次のような文章がしたためてあった。

〈年賀状をお送りいただきましてありがとうございます。前年末、母が他界しましたので、とりあえず寒中お見舞いを申しあげます。自宅の電話番号を記しますので、よろしかったら、午後10時以降に、御連絡ください〉

その日の夜、わたしは早速山本の自宅へ電話を掛けた。

いくぶん鼻声がかったソフトな返事が戻ってくる。

「あなたのことはとてもよく覚えています。前年のイベント、飲み会に集まった女性の中で1番美しい人だと思いました。あなたは僕のことをどう思いましたか？」

一瞬困惑して声が詰まる。山本と少し離れた所に座っていたので、直接言葉を交わしたわけではない。覚えているのは白いジャージを着て、痩せ型の体型で背が高いという印象だけだったが、かろうじて返答する。

✡霊的に僕をどう思いますか？

「たいへんまじめな方だと思いました。2次会に参加されなかったのは、お酒を飲んでみんなと騒ぐことが苦手なのだろうと推察しました」

「あなたが言われるとおり、僕は宴会が苦手です。では霊的に僕をどう思いますか？」

山本の言葉に再度戸惑う。

だが戸惑ったのは、突然「霊的に」と言われたからではない。「霊的に」というのはオカルト業界ではよく聞く言葉であり、そこまでもの珍しいものでもない。私が戸惑ったのは、まったく霊感がないので、彼の期待する返事は返せそうになかったからだ。

「霊能者ではありませんので、分かりません。ただ、わたしがこれまで取材した霊能者や気功師は神秘的な能力がないばかりか、人間性にも疑問を感じる人たちばかりでしたので、今の段階では霊的世界が存在するかどうかの有無を論じたくありません」

わたしは思わず本音で答えてしまった。すると山本は言う。

「神仏は確かに存在しているのですよ。毎日、意識するしないにかかわらず、心臓が鼓動していますよね。太陽も月も、一定のリズムに従って運行しています。これらはみな、神仏の働きによるものです。僕はエンジニアでしたので、あなたのように神仏の存在を否定していました。でも、15年前にある霊能者と知り合いまして、神仏の存在を信じるようになりました。この霊能者はたいへんすばらしいかたです」

静かに語る山本の声を聞いていると、本当に「神仏の存在を信じられるようになる人物」がいるような気がしてきた。

「その方を紹介していただけませんか？」

「今は紹介しません。あなたは僕といっしょにいろんな先生に会っていただきたいのです。そうしてからでないと僕が師事している先生がよその先生とどれだけ違うのか分からないでしょう。今から僕の携帯電話番号を言いますから、手帳に書いてください。都内に出るときは、この番号にダイヤルしてくださいね」

このとき以来、上京するたびに、ＪＲ秋葉原駅の近くにある喫茶店で山本と落ち合い、いろんな話をするようになった。

いつものように喫茶店で落ち合うと、山本はこう言った。

「例の許先生のテレビ出演の件、ボツになりました。撮影の当日、突然姿をくらましてしまったんです。急きょ、別の気功師を呼んで、なんとかその場をしのぎましたが、あれでは困りますね。撮影の前日に鎖でつないでおくしか手がないかもしれません」

許は相変わらずのようだ。確かに鎖につないでおくというのは名案かもしれない。逃げ出そうと必死になっている許を想像すると笑えてきた。

そんなわたしの様子をにこやかに見ながら山本は続ける。

「ところで、僕には不思議な力が備わっているんですよ。少し実験してみましょう。手のひらを上に向けて、テーブルより少し上げた状態で、目をつぶってください」

「これでいいですか?」

「では始めてみましょう」

わたしは山本の言うとおりにする。山本は続ける。

「全神経を手のひらに集中させてください」

すると掌が少しピリピリするような感触を覚える。

「ゆっくり目を開けて、手のひらを見てください」

言われたとおりにすると、手のひらから数センチ離れた所に、山本の人差し指があった。

「どうですか？　驚いたでしょう。僕には気功の能力があるんです。プロの気功師によれば、このハンドパワーでがん患者を治すこともできるんだそうです」

ハンドパワーで病気を治すというのは、オカルト業界ではよく聞く話だ。許もそんなことを言っていた。だが、許の一件ですっかり疑り深くなっていたわたしは、相槌を打ちながらも、山本の話には疑いの目を向ける。

✡ 日本人ではないんです

「僕は日本人ではないんです。両親とも北朝鮮人で、父親が日本で一旗揚げたいと考えて、日本へ移住したんです。母方の家系はシャーマンが多く、祖母も母も強い霊感の持ち主でした。朴大統領の暗殺も予言していました。このような血筋なので、僕にも特殊な力が備わったのかもしれません。これを見てください」

山本はそう言いながら、ワイシャツの首からなにやらたぐり寄せる。白い勾玉と金色のペンダントが出てきた。わたしは尋ねる。

「勾玉はよく見かけますが、金色のペンダントはどのような意味があるんですか？」

「このペンダントは、六角ペンダントといいまして、僕の霊的な師匠が考案して、職人に作らせたものです」

山本は勾玉と六角ペンダントを首から外して、わたしの目の前に置く。六角ペンダントは、18金製でイスラエルの国旗に描かれているような六芒星の中心部に十字型があしらわれている。山本の師匠とその信者たちが身につけているものという。

「これをつけていると、どんな御利益があるんですか?」

「いや、御利益というよりもむしろ魂磨きのためのものと表現した方がふさわしいですね」

〝魂磨き〟、聞いたことがない言葉だ。何のことだろうかと思い尋ねる。

「この世を修行の場と考えて、精神性を高めることです」

「精神性を高めるという言葉は少し抽象的なので、よく分かりません。具体的にどのようにすれば精神性が高まるのですか?」

「たとえば困っている人を助けたり、積極的に善行をしたりすることです」

「御利益なしに、ですか?」

わたしはよほど不可解そうな顔をしていたのだろう。山本は諭すように言う。

「そうです。まだ腑に落ちないような顔をしていますね。僕たち人間は神仏から常に恩恵を受けているんですよ。太陽の光が毎日降り注がれていますが、神仏から請求書は来ないでしょう」

「はあ、確かにそうですが……」

「あなたは全然理解していませんね。でもそのうち分かってきますよ」

後日、山本は多くの霊的な場所へわたしを連れていき、神仏について語るようになる。山本はこれから10年後に奇怪な死にかたをしてこの世を去るまでの間、よい意味でも悪い意味でも、わたしに強い影響を与えることになる男だ。

✡ 体育会系の霊能者

A出版は月に一度、定期的に「マインドエフェクトクラブ」の会員を集めて講師を呼んで、セミナーを開くのが常だった。

このクラブの会員は、精神世界で実践的な活動をしている人や、精神世界に関心を持つ人たちで構成されている。会費は1カ月2万円と高額なので、高額所得者が多かった。

このころのわたしは家賃と生活費を稼ぐのが精一杯だったので、このクラブの会員になることはできなかった。ただ、A出版が発行する雑誌に毎月寄稿していたので、無料で参加することができた。

ある日のセミナーのこと、50代半ばくらいの男性が講師になって、80人ほどの会員に向かって話している内容にわたしはくぎづけになった。

この講師は酒井といい、もともと零細企業の経営者で、45歳の時に会社が倒産して辛酸をなめ続けていたころ、不思議な力を発揮できるようになったという。不思議な力というのは、ハンドパワーで人の病気や症状を治すもので、最近では先天性障害児の治療にも成功しているとのことである。

セミナーが終わると、受講者たちはいったん会場から出て、会場で立食パーティーが開かれるのを待つ。待っている間、わたしは酒井に近づき、あいさつをして名刺交換した。

酒井は言う。

「JR五反田駅から、私鉄が出ています。10分くらい乗って下車し、5分ほど歩いてもらうと武術の道場があります。毎週日曜日にそこを借りて、会員や相談者を集めてわたしのパワー伝授を行っています。案内書を送りますからぜひおいでください」

✡パワーを伝授します

翌週の日曜日、わたしは山本を伴い、案内書に記されている道場に向かった。

開催時間より1時間早く到着したにもかかわらず、すでに酒井は道場にいて、相談者の悩みに耳を傾けていた。相談者は母親と思われる若い女性で、ときおりハンカチで目頭を押さえているのを見ると、泣いているようである。

母子が帰った後、わたしは酒井に尋ねた。

「先生、こんにちは。先ほどの親子は、どのようなご相談で見えたのですか？」

「ああ、よくいらっしゃいましたね。あの女性は、子どもが先天性脳性まひなので、治してほしいと依頼に来られたのです」

酒井はわたしと山本に挨拶をしてから解説を始めた。

「でも、その前に、お母さん自身の意識を変えないと子どもは治りませんよ、と言いました。子どもが重病や難病になるのは、子どもが悪いのではありません。親、特に母親が低レベルの意識を持っているとそれは、たちどころに子どもの心身に影響します。ですから、わたしのところでは相談者の意識を改善する指導を行いながら、パワー伝授をしているんです」

しばらく話をしたところで、酒井は腰を上げる。

「詳しい話はこの会が終わってから、会員さんたちと一緒に飲み会でしましょう。時間がきましたので……」

そう言うと、彼は会員たちの正面に立った。

わたしはパワー伝授とその時の会員の様子を知りたかったので、前列の隅に座る。約5分間の講話の次は、いよいよパワー伝授である。

「それではパワー伝授します。みなさん、座ったまま背筋をまっすぐにしてください。手のひらはひざの上から少し離した状態で浮かべ、鼻から息を吸います。そして肛門を締める！」

こう言うと、酒井は立ったまま、両手の人差し指と親指を合わせて、三角形の印を組む。手のひらを会員に向けて、「オー、オー、オー、オー」となんべんも唱える。

酒井は拓殖大学の空手部出身だけあって、言葉や態度からいかにも体育会系らしさがにじみ出ている。わたしがそれまで取材した霊能者たちと異なり、長身でがっしりした筋肉質である。体毛が濃い体質らしく、耳の下からあごにかけて、そり跡が青黒い。このような容姿で大声で叫ぶものだから、なかなか迫力がある。

酒井のパワーを受けると、いろんな症状や病気が改善するという。パワーを受けている最中、手のひらに熱い棒が強く押されるような感覚があった。

わたしはかなり以前から慢性的な肩凝りに悩まされており、酒井のパワーで肩凝りが治るのを期待したが、このときは残念ながら症状は好転しなかった。会員の話によれば、1回で治ろうと考えるのは、安直で虫がよすぎるという。

パワー伝授が終わると、酒井は山本を呼び、自分の手前にあるいすに腰掛けるように指示する。わたしはこれから何が起こるのか、興味津々である。

酒井は先ほどパワー伝授を行った時と同じように手のひらを山本に向け、「オー、オー、オー」と声を発する。

すると、山本は奇妙な動きを示した。密教や修験道で見られる印契《いんげい》を何種類も組み始めたのだ。やがて発声を終えた酒井は、山本とわたしに次のように説明する。

「山本さん、あんたの体の中には修験者の霊が入っているようだが、悪霊ではないから心配しなくてもいいですよ。それから眉間が光っているのでかなり意識が高い人だね。これから会員たちと飲みに行きますが、いっしょにどうですか?」

「いや、僕はここで失礼します」

山本はわたしに軽くあいさつすると、足早に帰り去っていった。

✡ 魔界の饗宴

わたしは残って飲み会に参加し、酒井の隣に座らせてもらう。バッグの中から許と歌川社長が心酔しているヨガの行者、菊地さんの写真を出して、酒井の意見を求めた。

酒井は一通り写真を見ると、確信に満ちた声で言い放つ。

「この人たちは全部、魔界の回し者です。いいですか、三浦さん。正しい神が人を投げ飛ばすような術を人間に与えると思いますか?」

　答えあぐねているわたしに酒井は言う。

「では、この場に写真の人たちの生き霊を呼んで出してみましょう」

「えっ！　生き霊を呼ぶこともできるんですか?」

「できますとも。では鈴木さん、お願いします。最初に菊地さんの生き霊を出しますからね」

鈴木さんと呼ばれたハゲ頭の中年男性は、先ほどのようにパワーを受ける時の姿勢をする。

酒井が鈴木に向かって、パワー伝授の手を組んでから、5秒ぐらい経つと、突然鈴木が叫んだ。

「寂しいーーーっ！」

「では続けて、許を出しますからね」

鈴木は再び張り裂けるような声を発する。

「カネが欲しいーーーっ！」

わたしはびっくり仰天して、酒井に話す。

「いや〜、驚きました。菊地さんはほとんど毎日、誰とも会わないで、ヨガの行をしているので寂しいと思いますし、許先生は重病人から大金を巻きあげて、問題を起こしたことがあるんです」

わたしは鈴木に尋ねる。

「鈴木さん、生き霊が出てくるときはどんな感じなんですか?」

「ちょうどあくびが出てくるときのように無意識、無自覚の状態で、のどの奥から込み上げてくるんです」

鈴木はちょっと慌てた感じで付け加える。

「でも、いつもこんなことをしているわけではありませんよ。これでも一応、京都大学で理学博士号をとって、都内の大手企業に勤務していますからね」

✡ 魔界理論とは

わたしは酒井に向き直るとこう話した。

「先生の御本を拝読しました。魔界理論はとても具体的で、ユニークだと思います。F会の佐々木先生も魔界について触れていましたが、酒井先生ほどの説得性は、あまり感じませんでした」

「魔界理論のパイオニアと言うつもりはありませんが、ここまで究めるには、魔界との壮絶なやり取りがあったのは事実です。俗に〝悪魔に魂を売る〟という言葉があるでしょう。これと同じで、もしもわたしが魔界の手先になったら、金も女も名声も、思うがままにしてやろうというお誘いがあったんです」

アルコールが入ったこともあってか、酒井の口調に熱がこもる。

「わたしはこの会を大きくして、儲けたいとは思いません。これからは本を出すつもりもマスコミに出るつもりもありません。口コミで集まってきた人たちに正しい神の存在と意識の世界を教えていきたいんです」

酒井の魔界理論を簡単に説明するとこうなる。

神界と正反対の立場にあるのが、魔界である。だが、西洋の悪魔と異なり、人間に試練を与えることにより、意識の向上を助けるという役割を担っている。したがって、魔界も神の一種であり、魔界の存在なしに人間の意識が高まることはないという。

✡本当に意識の高い会員たちか？

それにしても飲み会が始まってからというもの、気になってしかたがない話を何人かの会員から聞いた。

バイクの修理をしていたら、右手の親指を切断してしまった。たまたま近所に外科の名医がいたので縫合手術をしたところ、うまくつながって、機能的にも回復した。また、別の会員は、交通事故で頭を強打したが、奇跡的に助かった。風呂場で誤って熱湯を背中に浴びて大火傷したが、化膿しないで済んだ、など……。

これらのトラブルに対して会員たちは、「魔界の試練」を乗り越えられて意識が一段高まったと高笑いしながら喜びあっているのだ。

酒井が率いる会の会費は1カ月2万円。決して安い金額ではない。生き霊には度肝を抜かれたが、話を聞けば聞くほど金を出して不運を買っているようにも思え、腑に落ちない気持ちを抑えることができなかった。

A出版で発行している雑誌で、酒井の紹介記事を書くことが正式に決まり、わたしは酒井の会の定例会に足を運ぶようになる。そのころから不審な出来事がわたしの身の周りで起こり始めた。

JR総武線の電車に乗っている時、車内は混んでいた。わたしはつり革につかまりながら立って、車窓から外を眺めていた。

その時、突然、前に座っていた若い男が嘔吐して、流動物が床一杯に広がる。わたしはとっさに後ずさりしたが、ズボンのひざから下にかけて、生臭いドロドロしたものがべっとりこびりついた。この気持ちの悪さは、どう表現したらよいのか分からないほどである。

また別の日に、JR山手線の電車を待っていると、大きな荷物を持った老人がよろよろしながら歩き、わたしの体に荷物ごとぶつかってきた。わたしはもう少しのところで、ホームの外に落ちるところだった。

✡魔界通信

ある日、酒井たちの教団に徹底的に愛想を尽かす出来事が起きた。

酒井のパワー伝授が終わり、いつものように飲み屋で宴会が催された。わたしの隣に20代後半くらいの若い男が、背中を丸めただらしのないかっこうで座っている。彼はテーブルの下に灰皿を置いて、火のついたたばこをしきりに灰皿と自分の口の間で往復させている。

わたしは自分の足にたばこの火が触れやしないかと、気が気ではない。嫌な予感は当たった。ひざがしらにピリッと激痛が走ったので、慌てて足を引き出す。真新しいストッキングは、熱のために溶けて、皮膚は真っ赤に焼けていた。わたしは傷口を男に見せて、強い口調で言う。

「あなたが狭苦しい所でたばこなんか吸っているから、こうなりましたよ！」

「す、すみません」

男は軽く頭を下げて、口を開く。

「このストッキングは、今日初めて使ったもので、５０００円もするんですよ！」

「すみません」

男はそれだけ言うと逃げるように、別の席へ移っていった。

この会の会員たちはほんとうに、意識を高め合うつもりがあるのだろうか。常識のある人ならばやけどの治療費と、ストッキングの代金を被害者に弁償するのではないだろうか。それともあの男は、あまりにも意識が低すぎるので、知人に勧められて酒井の会に入ったのだろうか。

飲み会ではいつものとおり、酒井を囲み会員たちが高笑いしていた。わたしはその光景が、魔界の饗宴に見え、たばこの煙でもやのかかった酒井や会員たちの頭上に鬼のような2本の角が見えるような気がしてきた。

酒井の記事を雑誌に書いて出版されてからまもなく、千葉にあるわたしの事務所へ酒井から電話が掛かってきた。

「三浦さん、魔界から通信がありましてね。明日、東京は大震災が起きて壊滅状態になりますので、絶対に上京してはいけませんよ」

わたしはまさか、と思ったが、念のためその日は終日事務所の中にいた。早朝から深夜にかけて辛抱強くじっと待機していたが、ついに東京に何の異変も起こらなかった。

翌日、酒井が申し訳なさそうに電話で謝ってきた。

「迷惑かけてすまなかったね。魔界がわたしに言ってきたんですよ。酒井よ、我々はおまえを試すつもりででたらめを告げ、その後、おまえがどんな態度をするのか見ていたのだ、って」

　本当にはた迷惑な話だ。わたしは電話口でぐっと怒りをこらえる。

「それからね、最近、面白いことを発見したんです。わたしがパワー伝授した女性は胸が大きくなるんです。Aカップの女性がBカップやCカップになるんですね。だから、彼女たちに言ってやるんですよ。俺のおかげで胸が大きくなったんだから、触らせろ、ってね。ハハハ」

　もはや返す言葉が思いつかなかった。魔界というのは酒井や会員たちが作り出した妄想の産物で、酒井と会員はそれに振り回されているだけではないか。

　酒井の霊能力は人々の役に立たない。逆に不運を招く力しかないのではないかと思うようになった。この出来事をきっかけに、わたしは酒井と距離を置くようになる。

✡信心深い人

　ひさしぶりに、山本の携帯電話にダイヤルし、JR秋葉原駅近くの喫茶店で落ち合うことになった。酒井の一連のいきさつを説明すると笑いながら言う。

「おそらくそうなるだろうと思いましたよ。僕は酒井さんに誘われたのに、飲み会へ行くのを辞退したでしょう。あの会の会員といろいろ話しましたが、おせじにも意識の高い人たちではありません。だからこそ、会員になったのかもしれませんが、古株の人たちですらこれといって光るものが感じられませんでした。酒井さんもそうです」

山本の話を聞きながら、わたしは酒井のおかしな行動についてさらに思い出した。

「そういえば、酒井さんは新宿の歌舞伎町へよく遊びに出ると話していました。歌舞伎町周辺は大人の遊び場ですので完全に魔界ですが、酒井さんによれば、憂さ晴らしは魔界である歌舞伎町でしかできないということでしたよ」

酒井の会の会費は１人２万円で、会員は１００人ほど。つまり、月収は２００万円となる。歌舞伎町で終電まで飲んで、タクシーで埼玉県中部まで帰るという贅沢を繰り返すことができるのは、これらの資金があるからだろう。

魔界の憂さ晴らしとは言え、酒井の豪遊のために会費を払うのは、わたしだったら絶対に耐え難いことなのだが、会員たちはどのように考えているのか、縁が切れてしまった今となっては永遠に謎である。

第5話

怪しいセミナー

～15万円のセミナーを受けたらノイローゼに？～

✡ A出版からの電話

ライターとしての仕事が順調に増えてきたので、わたしは我孫子にマンションを借りることにした。

ある日のこと、外出先から我孫子のマンションに戻ると、留守番電話のメッセージの中にA出版の松田編集者からの伝言が入っていた。

「新規の仕事をお願いしたいので、電話をください」

わたしはうんざりした気分になる。

A出版は、ほんの少しの例外を除き、自費出版を営業の主体としている。出版業界で働くようになってから初めて知ったのだが、出版には大きく分けて3つのタイプがある。出版費用を出版社が全部出す「企画出版」、著者が出版費用を全部出す「自費出版」、そして著者と出版社が費用を折半する中間的な出版形態だ。

自費出版では、著者が出版社に300万円ほど支払うので、出版社にとってうまみがある。本が売れなかった場合にも、リスクを負う必要がないからである。それで、営業社員は1人でも多くの著者を取り込もうと奔走する。

A出版が営業戦略として盛んに行っているのは、出版をしようかどうか迷っている著者のもとにフリーランス契約のライターを送り込み、相手の情に訴えるという方法である。

ところが、この方法ほどライターにとって残酷なものはない。著者がA出版と契約しなかった場合、それまでの手間賃は支給されないからである。

A出版からの依頼を断ろうと思ったが、そうかといってまとまった金が入るような仕事を抱えているわけでもない。何度もため息をついた末、わたしはようやく受話器を手に取った。

✡ 神通力開発セミナー

意外にも出版契約はスムーズに進んだ。ちょうどセミナーの主催者が多くの受講生を早く募る目的で出版を考えていたからだ。

セミナーの主催者・佐野は北海道の出身で、中学校を卒業してすぐに上京。レストランの皿洗いをしながら資金をため、今は都内に洋食屋のチェーン店を何軒か持つ経営者である。

セミナーの名前は「神通力開発コース」。すでに怪しい雰囲気を漂わせている。

佐野は自分の成功体験に基づいて独自のセミナーを編み出しており、その中の1つが「神通力開発コース」なのだそうだ。

神通力開発セミナーに参加することにより、潜在能力が活性化して、自分の願望が成就するらしい。

わたしに課せられた仕事は、セミナーを体験して、佐野のポリシーを盛り込んだ原稿に書き上げるというものだ。

セミナーは金、土、日、と2泊3日で行われ、参加費は15万円。この費用は出版社が支給するので、わたしの財布は痛まない。これだけ高額の参加費ならば、さぞかし良質ですばらしいセミナーなのだろう。わたしの胸は期待に膨らんだ。

当日、会場であるホテルに着くなりあぜんとした。みすぼらしい安ホテルだったからである。最初の食事が出てきた時も、開いた口がふさがらなかった。レストランを経営するほどの主催者なので、さぞかしうまい料理が出てくると期待していたが、目の前に並べられたのは、ひじきやきんぴらごぼうなどの粗食だったからだ。15万も払ったのにこれはないのではないか。

それでもセミナーの質がよければ、ホテルの格式や食事の質が悪くても、いいのではないか。そう自分に言い聞かせて会場である会議室に向かった。

この日、参加したのはおよそ20名。それぞれが自己紹介するのを耳にしていたら、看護師、教員、経営者、公務員など堅い仕事に就いている人がほとんどだった。

みなまじめそうで、わざわざ大金をはたいて自分を変える必要はないように思える。だが、人一倍まじめだからこそ向上心に基づき、セミナーへの参加という行動を選ぶのかもしれない。

✡ 私は神である

自己紹介が終わった後、いよいよセミナーが始められた。壁に沿って会議用のテーブルが並んでおり、参加者は壁に向かっていすに座る。スタッフがレポート用紙を数枚ずつ配る。最初の課題はレポート用紙に、次のように書くというものである。

「私に不可能はない、私に不可能はない、私に不可能はない……」

何行にもわたり同じ文句を書き、用紙がなくなると新しいレポート用紙が配布され、再び一心不乱に紙を文字で埋め尽くさなければならない。この作業が終わると、今度はこんなことを書く。

「私は神である、私は神である、私は神である、私は神である……」

夕食後も、以上のような単調な行為を繰り返さなければならない。ようやくその日の課題が終わったとき、時間は軽く午前0時を過ぎていた。

翌日も午前5時に起床し、また同じ内容の作業をする。わたしが疲れと眠気のためにうつらうつらしていると、スタッフが肩をたたいて起こす。

そのうち意識がもうろうとして、夢か現実かの違いさえ分からなくなってきた。セミナーの会場は地下室にあるため窓がない。昼であるのか夜であるかも分からないので、時間的な感覚も麻痺してくる。

次は、こんな課題である。

「わたしは今まで○○さんにこのような仕打ちを受け、○○のように思いましたが、神になった今では、○○さんに感謝しています」
○○にはそれぞれの受講者に当てはまる言葉を入れて、再び繰り返し筆記する。それが終わると、1人1人壇上に上がり、自分が書いた文章を受講者たちの前で読む。この段階までくると、大の男ですら泣き叫ぶ光景が見られた。
このような作業で、一体どのような神通力が開発されるというのだろう。

ようやくセミナーが終了すると、受講者全員に表彰状が渡され、名刺交換して解散となった。

解散する直前、佐野がセミナーの感想を求めたところ、背の高い男性が手を挙げて、怒った口調で言い放った。

「こんなセミナーで15万円も取るというのは暴利だよ！　5万円でも高いくらいだ。俺には神通力が全然わいてこねえよ。金を返してもらいたいくらいだ！」

わたしもこの男性と同じ気持ちだったので、佐野がどんな反応を示すのか興味津々だった。

佐野の表情はみるみる険しくなり、反論する。

「あなたはいったい何が不満なんですか？　チェーン店本部の経営者になったわたしが心血を

注いで構築したセミナーなんですよ。それが分からないなら、ほかのセミナーと比べてください！」

佐野のあまりにヒステリックな反応を見て、ほんとうに人格の改造が必要だったのは、佐野自身なのではないかと思った。

その後も、原稿執筆のため、佐野に数回会ったが、功名心の高さばかりが鼻につき、人間性の豊かさは、まるで感じられなかった。

✡ セミナーが原因で発狂した女性

セミナーの疲れがようやく治まったころ、太田君から電話が掛かってきた。太田君というのはセミナーのとき、いつも隣に座っていた若い男性だ。受講者の中では最も親しくなった人である。

太田君はおびえた口調で語る。

「セミナーが終った数日後、慶子さんから電話がきたんですよ。言っていることが支離滅裂でおかしいと思ったら、精神病院に入院しているそうなんです。僕に結婚してほしいと、１時間半も変なことばかりしゃべっていました」

慶子さんといえば、参加者の中で最年少で、線の細い印象をもつ人である。自己紹介するとき、視線を下に向けて、蚊が鳴くような小さい声で話していたのを覚えている。

それにしても、突然結婚を求めてくるなんて、精神でも病んでしまっているのではないだろうか。

わたし自身も精神的に弱いが、セミナーを客観的に取材しなければならない立場上、精神力でなんとか持ちこたえることができた。だが、職業的な使命感がないままセミナーに参加していたら、慶子さん以上のひどい症状に見舞われたことはほぼ間違いないだろう。

神通力開発セミナーは受講者の潜在能力を開花させるのではなく、むしろ精神に悪影響を及ぼすセミナーではないか。

それにしても大金を払ったにもかかわらず、生涯治る可能性の少ない重い精神病になったとは、踏んだり蹴ったりな話である。

後日、佐野から2冊目の執筆を指名されたが、きっぱり断った。

✡ ピアノセミナー

次に、A出版が振ってきた仕事は「神通力開発コース」よりさらに輪を掛けて怪しいセミナーであった。

セミナーに懲りたはずのわたしが、再びセミナーの取材をするに至ったのには訳がある。

知り合いの女性ライターに仕事を分けてほしいと頼まれ、A出版に紹介したのだが、なぜか、彼女は仕事を放りだして逃げてしまい連絡が取れなくなってしまったのだ。そんなこんなで、尻拭いするような形で、しかたなくこの仕事を受けたわけである。

だが、後日思い知らされたのだが、女性ライターが逃げ去ったのは極めて賢明な選択だった。請け負ったわたしはとんでもないババをつかまされたとしか言いようがない。

女性ライターが逃げ出したのは、ピアノ療法を行っているE社の活動を執筆する仕事だった。

通常、本を出したことのない人の代行執筆をする場合、その人と打ち合わせをしたり、資料をもらったりして、どのような本にするのか方向性を決める。次に構成案を作成し、それに基づいて取材やインタビューなどを行う。

だが、E社の羽山社長は、わたしにパンフレットを渡して、これだけで原稿を書くように命じてきた。いくらなんでもパンフレットだけで執筆するのは無理だ。

粘り強く交渉して、ようやく羽山社長にインタビューすることができた。ところが社長は東北なまりがひどく、そのうえ話が抽象的なのでさっぱり理解できない。

どうにか理解したことには、同社の女性副社長に霊能力があり、受講者の心の状態を見て言葉に表現する。羽山社長がその状態をピアノの音で表現して解決に向かわせるという。

この方法は、一般人向けと事業者向けの2つのコースがあり、それぞれの受講料は30万円、50万円というぐあいに高額であるが、受講者はその後の人生が変わるのだそうだ。

わたしがピアノ療法を行っている現場を見せてほしいと頼んだところ、50万円出して受講するように、とE社の幹部から言われた。

これだけの金額をねん出することはできないので、とりあえずA出版の中沢編集者にE社幹部の言葉を伝えた。だが、「まあ、がんばってください」とまるでひとごとのように取り合ってくれない。

それでもなんとか原稿を仕上げてE社に送ると、幹部が次のように言ってきた。

「羽山社長はとても言葉を大切にするかたです。あなたの原稿を読んだ後〝透明な文章〟を書いてほしいと言っていました」

「〝透明な文章〟というのは抽象的すぎてわたしには理解できません。お手本を示していただけませんか？」

「社長のピアノ療法を受けてみませんか？　そうすれば必ず透明な文章に仕上がるはずです。社長は自分の本が1000万部売れなければライターとして失格だ、とも言っていましたよ。受講することを強くお勧めします」

出版不況の近年では、10万部売れれば大ベストセラーである。１０００万部売れる本といえば、もはや聖書や経典、コーランの世界だ。羽山社長は自分を何さまだと思っているのだろう。

それから間もなく、A出版を通してE社がわたしを解雇する旨を伝えてきた。

✡ 30万円でも50万円でも中身は一緒

たまたまわたしの友人で、E社のセミナーを受けた男性ライターがいたので、E社について詳しく聞かせてもらうことができた。

同ライターはE社が発足した当初から受講した経験を持ち、最近の状況も人から聞いて知っているという。創業当初は、狭いマンションの1室を借りて、ピアノ療法を行い、受講料も安かったらしい。

だが、会社が大きくなるにつれて、状況がおかしくなってきた。

同ライターは、E社を世の中に出そうと考えて、H出版社に出版企画を持ち込み、自費出版ではなく出版社が費用を持つ企画出版にまでこぎつけることができた。ところが、こともあろうに、E社はH出版社の社長に寄付金を要求する。H出版社の社長は、カンカンになって怒り、せっかくの企画出版がパアになってしまったのだ。

こうなると、単なる非常識というレベルを超え、全くのバカ会社と表現するほかはない。

同ライターの証言によれば、E社が催す「グループカウンセリング」では、受講者が少しでも質問すると、羽山社長がどなりつけるので、みな萎縮《いしゆく》してしまい、積極的に学ぼうとする気持ちが失せてしまうという。

また、30万円の「グループカウンセリング」と50万円の事業者向けのコースは、内容はほとんど変わらないそうだ。そのうえ30万円、50万円という庶民感覚からすればちっとも安くない金額を支払っても、受講生の人生は全く変わらないという。

30万円、50万円で人生を変えたいならば、むしろインドやアフリカなど日本と文化、風土、価値観が異なる国を旅行する方がよっぽど効果的かと思われる。

E社は悪徳詐欺師の典型的な例だが、社会問題として取りざたされないのは、おおっぴらに活動していないのと、エチオピア難民に対するボランティア活動を隠れみのにしているからだ。

それにしても同社社長、副社長、幹部社員そろってどう表現したらよいか分からないほど人相が悪かった。日常的に悪徳商法を行っていれば、内面が顔にも出てしまうのかもしれない。

第6話

日本一の霊能者

～霊能力で犯罪を暴くことはできるのか？～

✡朝鮮の家庭料理

Ｅ社の件でショックを受けていたところへ、山本から電話が掛かってきた。

「あなたは今、とても落ち込んでいますね」

彼はわたしが声を発する前に言う。

「どうして分かるんですか？」

「そんな気がしたからです。もしよろしかったら、週末に僕の自宅へ来ませんか？　こう見えても料理が得意なんです。おいしい料理を食べながら、仕事の失敗談でも話してくれれば心も晴れるでしょう」

「仕事で落ち込んでいることまで分かるんですか？」

わたしは驚いた。電話越しに話をしているだけなのに、なぜこちらのことが手に取るように分かるのだろうか。

「以前お話ししたかもしれませんが、母も祖母もとても霊感が強かったんです。携帯電話のベルが鳴ると、ベルの音だけ聞いても、誰が掛けてきたのか分かりますし、仕事の関係であちこちの会社を訪問すると、会社が今後実績が上がるのか、下がるのかということも分かります」

１人でいると滅入ってしまいそうだったので、わたしはありがたく山本の申し出を受けることにした。それに、両親が北朝鮮出身だという彼がどんな料理を作るのか興味があった。

千葉県市川市の郊外にある山本の家に着いて驚いた。山本が勤務している事業所は、港区の一等地にあるしょうしゃな建物の中にあるので、住まいも高級マンションなのだろうと思っていたのだが、目の前にあるのは、築30年以上も経つ古い一戸建ての借家である。玄関の扉はボロボロで、6畳2間の2K。便所はくみ取り式で、洗面所もない。勤め先のイメージと生活空間のギャップがあまりにも大きいので驚いた。

すると、山本はわたしの気持ちをいち早く読み取ったらしい。

「あんまりみすぼらしいのでびっくりしたでしょう。僕は独身なので、広くてりっぱな家は必要ないんです。毎日午後10時に帰宅して、朝7時に出勤しますから。食べて寝るだけの家でじゅうぶんです」

お腹がすいたでしょうと言いながら、山本はちゃぶ台の置かれた部屋に案内してくれた。台の上には、それまで見たことのない料理が並んでいた。

食べかたが分からないので困っているわたしに、すかさず山本が説明する。

「これらはみんな、朝鮮の家庭料理です。父もそうだったんですが、朝鮮では日本の男と違って、けっこうマメに料理を作るんです。これはこうして食べます」

山本はざるの中に入っているサニーレタスを1枚手に取ると、そこに熱いごはんを載せて、その上にボールの中に入っている茶色の液体をひとさじかけて、サニーレタスをのり巻きのように丸めて口の中に入れて見せる。わたしもまねして食べてみると、あまりにもおいしいのでびっくりした。

「どうです？　おいしいでしょう。作り方は簡単なんです。生にんにく、青唐辛子、にらを準備して細かく刻んで、薄口しょうゆ、いりこだし、ごま油、とかき混ぜるだけです。生にんにくは必ずつぶしてから刻むのがコツです」

「これはなんですか？」

小鉢に入っている野菜を指さすと山本は答える。

「自家製の水キムチです。大根、きゅうり、にんじん、青唐辛子などの野菜を切って、瓶に入れます。そこに日本酒、塩、米のとぎ汁を入れると、２週間ぐらいで発酵して食べられるようになるんです。汁も飲めるんですよ」

少し口に入れると思わずため息が出るほどうまい。以来、朝鮮料理を食べたさに、わたしは時々山本の家を訪問するようになった。食事を共にするだけでなく、車で首都圏にある神社へも参拝するようになり、わたしは東京で良い友に恵まれたことを感謝していた。

✡ 破門が解ける

そんなある日、山本から電話が掛かってきた。

「赤木先生が今週の土曜日、茨城の自宅へ来なさいと言ってきました」

赤木先生とは、山本が神仏に帰依するきっかけとなった人物だ。

「それでは破門が解かれたんですね」

「そんな感じです。あなたを連れて来てよい、とも話していました。土曜日に車で迎えに行きますから、出発の準備をしておいてください」

前々から赤木先生のことを日本一の霊能者であると山本から聞いていたので、一度お目にかかりたいと思っていた。

山本が赤木先生を知ったきっかけは、知人の紹介だったそうだ。京都の実家へ来てもらったこともあるという。その時、赤木先生が仏壇の前に座ると、このように霊視したそうだ。

「お父さんが病院のベッドに眠っているのが見えます。亡くなっていることに気づいていない様子です。鳥肉を丸ごと買ってきて内臓を取り除いて、中にもち米や朝鮮にんじんなどを入れて煮込んだ物を食べたい、と言っていますので、お供えしてあげてください」

この言葉に山本はびっくり仰天した。鳥肉を丸ごと煮込む料理というのは、サムゲタンのことだ。韓流ブームなどであちらの食文化が広く知られた今でこそそこまでめずらしいものではなくなったが、当時は朝鮮の食文化に通じた人でなければまず知らないものだった。

山本はもともと信仰心はなかったが、このとき以来、赤木先生の最も熱心な信奉者になったそうだ。そして、古神道の勉強をし、それに加えて修験道や密教の修行にも参加するようになったらしい。

数百人の霊能者が登録しているNSCを小川会長が立ち上げるとき、山本は組織づくりの介助をした。この作業のために多くの霊能者に会い、どのくらいの力があるのか試したが、赤木先生の力に及ぶものは1人もいなかったという。

赤木先生に霊的な悩みを相談する場合の謝礼は5000円か1万円だが、金に困っている人からの受け取りは拒否するそうだ。

こんな善良そうな赤木先生に破門されたのは、山本が30代のときだ。

知人の勧めで絶対儲かるという株を買ったところ、大暴落して株券は単なる紙切れに変わった。多くの消費者ローンから金を借りて、株券の購入に充てたので、借金苦に悩む。以来、毎週のように、赤木先生に金の相談に訪れたところ、すっかり嫌われて、来訪を断られたとのことだった。

それ以来一度も会ってもらえなかったそうで、今回の訪問は山本にとって10年ぶりの再会になる。

✡ ただのおばさん？

赤木宅は茨城県石岡市の郊外にある。ＪＲ石岡駅の駅前通りを過ぎて閑静な住宅街に入ると、山本の車は一軒家の前で止まった。

「ここが先生の御自宅です」

鳥居があるわけでもなく一般の民家と何の区別もつかない普通の木造二階建てで、周囲の家に比べると小さくて、気の毒になるほど安普請《やすぶしん》の家である。玄関の扉を開けると、貧弱な体格の小柄な女性が出迎えた。

「山本さん、久しぶりね」

「いやあ、先生から破門が解けてほんとうにうれしいですよ。それから、こちらがライターの三浦さんです」

「はじめまして。三浦と申します。山本さんから先生のことを教えていただきまして、ぜひお目にかかりたいと思っておりました。とてもすばらしい先生と聞いております」

「とんでもないですよ。ただのおばさんです。さあ早くお部屋に入って。みなさんお待ちかねですよ」

部屋に案内されると、既に15人ほどがテーブルを囲んで座っていた。テーブルの上には赤飯をはじめとして、ごちそうや飲み物が並んでいる。山本が尋ねる。

「先生、これはいったい何ですか？　お食事つきで。こんなこと、初めてですよ」

赤木先生は答える。

「今日この席に集まってくれたみなさんといっしょに、これからたいへん重要なお仕事をしなければなりません。日本は国の形がそのまま国常立尊《くにとこたちのみこと》の大神さまの姿をしていなければなりませんが、今はバラバラになっています」

赤木先生いわく、国常立尊の大神さまに日本を神の世に戻してもらうために、北海道から沖縄まで日本各地の神社を参拝する必要があるそうだ。

その日山本にお許しがでたのも、この神社参拝の前祝に参加させるためのようだった。

赤木先生によれば、これらの仕事は神さまから与えられた極めて重要な役目なのだそうだ。

だが、今当時を振り返ってみると、この「お役目」こそ山本とわたしを地獄に引きずりこむ元凶だったのだが、それはまだ先の話だ。

✡ 幽霊が出たのよ！

後日、静岡の自宅に戻っていた時のことである。

書斎で執筆している最中、突然電話のベルが鳴った。

こういうときの電話ほど迷惑なものはない。とりわけ、パソコンがするする文字を生み出している、つまりノリまくっているときに中断されるのは最悪だ。ものを書く行為は考えることそのものだ。それが途中で中断されると、思考停止を招き、新しく文章をひねり出すことができなくなってしまう。

迷惑な電話だと腹を立てながら、しぶしぶ受話器を取る。掛けてきたのは実家の母だった。

「相談したいことがあるから、なるべく早くこっちに来てよ！」

「分かったよ！」

わたしはぶっきらぼうに言うと、すぐ自転車で20分の距離の実家へ駆けつけた。

自転車から降りて玄関を開けると、わたしは乱暴に言った。

「相談って何よ！」

「幽霊が出たのよ！」

「まさか！」

「とにかくそこに座って、落ち着いて話を聞いてちょうだいよ。今、コーヒーを作るからね」

母の説明によれば、こうだ。

半月前に裏隣の山脇さん夫妻が、軽ワゴン車で走行中、静岡、岡部町の国道1号線バイパスで中央線を越え、対向車の大型トレーラーに接触。その後、蛇行しながら後続の保冷車と正面衝突。夫は肺挫傷、妻は脳挫傷で夫婦そろって即死した。

それからしばらくして母の寝室に、山脇夫妻の幽霊が出てくるようになった。助けを求めているようだが、いったい何を望んでいるのか分からないという。

わたしは鼻先であしらいたいのを我慢する。

「それって、夢じゃないの？」

「いや、夢なんかじゃないの。近所にも幽霊を目撃した人がいて、隣の橋本さんはボロボロで、血だらけの夫婦が山脇さん宅を目指して足を引きずりながら歩いているのを見たんだって」

「で、わたしに相談があるっていうのは、その幽霊を何とかしてほしいっていうこと？」

母はわたしの前にコーヒーカップを置きながら言う。

「そうなの。お母さんの感じでは、山脇さん夫婦は浮かばれていないような気がするのよ。だって、さかんに〝水が欲しい、水が欲しい〟って言うのよ。かわいそうじゃない」

「山脇さんとそれほど懇意ではないんだから、このまま放っておいたらどう？」

「そうは言っても、あたしゃ、先祖供養をしっかりしている家で生まれ育ったんだから、何とかしてあげたいんだよ。誰か知り合いに、霊能者はいないのかい？」

「そりゃあ、いないこともないけれど……」

そうは言ったものの、静岡まで来てくれそうな人という心当たりはない。

「だったら何とか話をつないでよ」

「分かったよ！」

結局、わたしは心当たりがないまま、この話を引き受けてしまった。

✡ 赤木先生の来静

自宅へ戻ったのはいいものの、いったい誰に連絡すればよいのか分からない。とりあえず、山本の事務所に電話を入れる。

山本はおかしな男で、神、仏、霊に関する話を聞くと、俄然ハッスルする癖がある。そのことは前々から知ってはいたが、母から聞いた話を伝えると、翌日には静岡にすっ飛んで来たのにはさすがに驚いた。しかも、もともと予定していた日程をすべて変更してきたらしい。

山本は母からことのいきさつを一通り聞くと、こう尋ねる。

「山脇さん宅に、今何人住んでいますか？」

母は答える。

「ええと、長女と次女、三女の3人ですね」

「山脇さんたちは、幽霊騒動についてどう思っているんですか？」

「成仏できていないようだけれど、何をしたらいいのか分からないって言っていましたよ」

「では今から僕は、山脇さん宅に電話したいと思います。電話をお借りしてかまいませんか？」

「ええ、そうしてください」

山本は数分ほど話して、受話器を置き、母に向き直るとこう言った。

「僕は今から山脇さん宅へ行きます。三浦さんも一緒に来てください」


山脇宅に入って驚いた。家の外観は地味だが、内装も家具も一見して高価と思われるものばかりだったからである。大きくて立派な仏壇には、純金製のおりんも置かれている。

山本とわたしは豪勢な居間に通され、山脇姉妹と向き合ってソファーに座った。山本は雄弁家なので、わたしは耳を傾けているだけでいいだろう。

話の端々で驚いたのは、山脇姉妹と山本の家族との間に、奇妙な共通点があることだった。

両家とも北朝鮮人で、父親は北朝鮮に妻がいる身でありながら、一旗挙げる目的で、来日。日本で在日北朝鮮人の女と結婚して子どもをもうけたこと、家族構成、朝鮮の出身地までまったく山本の家と同じだった。

一通り話し終えると、山本は携帯電話を取り出し、ダイヤルを押して耳に当てる。

「先生、今週の土曜日、何か予定が入っていますか？　入っていないんですね。では、静岡までお越しいただけませんか？　上野駅まで来ていただけましたら、静岡まで僕が同行しますから」

山本が電話をした先は赤木先生で、当人が直々山脇宅へ赴き、霊的な処理をするという。話は急速に進み、母が相談を持ち出してから、１週間以内で問題が解決しそうな勢いだ。

✡ 赤木先生の実力

土曜日、山脇宅の居間に集まったのは７人。赤木先生、山本、母とわたしと山脇姉妹３人が、テーブルを挟んで向かい合った。

みんなの視線は赤木先生に注がれ、赤木先生が何を言い、どんな霊的処理をするのか、かたずを呑んで見守っている。

やがて赤木先生が口を開いた。

「消毒の臭いがします。病院のベッドが見えます。ご両親はまだご自分が死んでいることに気づかない様子です。お２人が車に乗っているのが見えます。なにやら口論しています。お母さまがお父さまにつかみかかっています。激しいけんかです。あっ、危ない！　車は対向車線に入り、トラックと正面衝突。即死です。遺体はぺしゃんこです」

話を聞いた山脇の次女と三女は、泣きじゃくっている。

次に赤木先生は、仏壇の前に座り、般若心経と呪文を唱え始める。それが終わると、山脇姉妹に向き直り、こう語った。

「優しくて子ども思いの御両親ですね。今はにこにこしています。わたしの力で神界へ送りましたので、ご安心ください」

すべてがつつがなく終了したように見えたが、その時わたしは、山脇の長女の態度に違和感を覚えていた。次女と三女が号泣するほど感情的になっているのに対し、長女は淡々としており、まるで他人ごとのようだったからだ。

そして、ずっと後になって、この事件が世間を騒がせることになることを、このときのわたしは予想だにしていなかった。

✡ミステリー小説さながらのコトの展開

2001年6月7日、『週刊文春』にこのようなタイトルの記事が出た。

「独占スクープ第一弾　生命保険五億円〝死を招く女〟」

このスクープは、右のように題して、同年6月14日、6月21日、6月28日の第4弾まで山脇の長女の親族について詳細なレポートを掲載した。

同レポートによれば、事故現場にはブレーキ跡もなく、最初に衝突したトレーラーの運転手は明らかな自殺だと思ったそうだ。だが、けっきょく事故扱いとなり、5億円以上の保険金が支払われたという。

長女は両親の多額の保険金を受け取った後、時価総額2億円もの宝石類やブランド品が身の回りに増えた。

「死を招く女」と報じられる理由は、長女の周囲の者が、その後も続けざまに死亡しているからである。

1993年9月19日、山脇の長女の夫が自動車転落事故を起こして、その後失踪。父母が自動車衝突事故で死亡した1994年4月24日から数えてわずか2年後の1996年3月16日、四女である妹が自動車衝突事故で、重傷。同月18日午前9時5分に自殺による死亡が確認されている。

更に翌年の1997年8月8日、叔母が不審火による火災で重症、後、死亡している。

そのうえ、2000年2月27日には弟が家族とともに失踪、というぐあいに、長女の肉親や親族が次から次へと奇妙な状態で亡くなったり行方不明になったりしているのだ。

死者や失踪者には高額の保険金がかけられていた。保険金殺人をほうふつするミステリードラマ顔負けのストーリー展開だ。

以上が「週刊文春」に掲載された内容である。

そして、2002年2月26日、長女は静岡県警に逮捕された。だが、罪状は近所の主婦から巨額の現金をだまし取った詐欺罪であり、保険金関連の疑惑ではなかった。

また、この事件では、週刊文春の版元である文藝春秋が長女から名誉毀損で訴えられ、770万円の支払い命令を受けている。

これらの流れから見る限り、長女は周囲から大金を騙し取っていたし、周囲に死者が多数でたのも確かだが、保険金殺人は疑いの域をでなかったということなのだろう。

赤木先生の霊視もある程度までは当たっていたが、長女の金融犯罪までは見抜くことができず、妹、叔母、弟に降りかかる不幸まで見通すことはできなかったということだ。

また、外国の霊能者を招いて、事件の捜索を行うテレビ番組がよく放映されているが、的確に当たって事件の解決につながったケースはいまだに聞いたことがない。

つまるところ霊能者が事件を解決するのは不可能ではないかと、この長女の件から思い知らされたのである。

第7話 生き霊は存在するのか？

～重すぎる愛の末路～

✡ 鄧との再会

山本の家で朝鮮料理をごちそうになりのんびりしていると、とつぜん携帯電話が鳴った。

「三浦さん、ごぶさたしております。鄧です。お元気ですか？」

電話を耳に当てると、懐かしい声が伝わってきた。

「まあ、鄧さん。鎌倉でご一緒したときから、どのくらい時が過ぎたのかしら。わたしはこの通り元気だけれど、鄧さんはお元気ですか？」

「おかげさまで元気です。中国から、戻ってきたんです」

彼はずいぶんと日本語が上手になっていた。そのことを指摘すると、彼はうれしそうに言う。

「わたしのビジネスパートナーが日本人なんです。ビジネスが大成功したんです。それから、三浦さんにもとてもよい話があるので、ぜひ、すぐにでも会いたいです」

「分かりました。いつどこで会いましょうか？」

「来日したばかりなので、予定表を作らなければなりません。決まりしだい連絡します」

わたしは急いで荷物を整え、山本の家を出ようとした。そのとたん、山本が玄関先で仁王立ちになり、険しい表情でこちらを見据える。

「どこへ行くんですか？」

「今から我孫子へ帰ります」

「どうしてそんなに急いでいるんですか？」

「中国人の友人が来日したんです。それで……」

思わず声を詰まらせると、山本がたたみかけてくる。

「それで？」

「つまりその、中国語の勉強が必要と思いまして……」

「中国語？　それを勉強してどうするんですか？　あなたは僕の母国語であるハングルを全然勉強しようとしないのに、なぜ中国語の勉強に積極的なんですか。中国人の友達って、どうせ男でしょう。中国男を引きつけたいから、そいつの国の言葉を少しでも多く覚えて、気を引こうという魂胆でしょう。違いますか？」

初めて見る山本のすさまじい勢いに仰天し、わたしは詳しく説明する。前年の夏から秋まで鎌倉にある貿易会社の社長宅と会社を往復し、たまたまこの貿易会社で会った中国人男性が鄧であること、鄧が中国社会で特別な地位があることなどを話す。

耳を傾けていた山本の表情は、しだいに穏やかになって、意外なことを言い放った。

「それはきっと大きなビジネスチャンスが近づいている兆候かもしれません。僕には鄧さんが巨万の富を運んでくる福の神のように思えてきました。後日、ぜひ鄧さんを紹介してください」

✡ いっしょに働いてもらえませんか？

数日後、新宿プリンスホテルの喫茶室で鄧と落ち会った。そのまま繁華街の一角にある居酒屋へ行くと、店の2階へ通される。そこにはわたしたち以外の客はいなかった。

前年鎌倉で会ったときの鄧は軍人のように紺色のスーツを着ていたが、今日は、ブランド物の黄色い上衣の上に薄いセーターを羽織っている。

「鄧さんはカジュアルな服装も似合いますね」

「ありがとうございます。このセーター、カシミヤ製なんです。この素材は日本ではたいへん高価です。わたしは自分の地位を活用して、とても安く仕入れ、日本のデパートに売る仕組みを作りました。それで何億円も儲かりました」

「それはよかったですね。お父さまもさぞかしお喜びのことでしょう」

鄧は微笑み、それからウェイターを呼ぶと、冷菜と温かい料理をバランスよく注文した。

「ところで先日、鄧さんはわたしにもよい話があると話していましたが、どのようなお話なんでしょうか？」

「わたしは近々、日本に2つの会社を作り、2社の社長になる予定です。三浦さん、そこでいっしょに働いてもらえませんか？」

わたしは少し考えてから答える。

「話が具体的になれば、可能かもしれません」

鄧はうれしそうに言う。

「それはよかった。計画が実現できるように、わたし、がんばります。実は鎌倉で、三浦さんに会って以来、わたしは三浦さんのことを思わない日は1日もありませんでした。鎌倉で会ったとき、わたし、日本語がよく分からなかったので、話の半分しか理解できなかったので、それが残念で残念で……」

「鎌倉での仕事はけっきょく不成功に終わりましたが、鄧さんと知り合えたことが唯一、大きな収穫だったと思います」

「そう言ってもらえるとたいへんうれしいです。でも、残念でした。一晩中、語り合いながら、つまりその……三浦さんに指1本触れることをしなかった。あの時のわたしは男ではなかった」

わたしの心は混乱してしばらくの間、言葉が出なかった。鄧がわたしに対してどのような感情を抱いているのか分かった。だが、そうかといって、鄧の話をすんなり受けるのも、はばかられる。やがて、わたしはこう漏らした。

「鄧さん、鎌倉にいたときもお話ししましたが、わたしには夫がいます」

鄧は叫ぶ。

「その件について、わたし、考えておきます」

店員がラストオーダーであることを告げたので、わたしたちは外に出る。ＪＲ新宿駅で別れる際に鄧は言った。

「わたしと三浦さんは、とてもよいカップルだと思いますよ」

鄧は名残惜しそうに何度も振り返りながら、雑踏の中へ消えていった。

✡ 生き霊憑依の症状

鄧と別れた翌日、わたしは朝から体調がすぐれなかった。ひどい脱力感に見舞われて、起きあがるのがやっとである。

ここのところずっと不慣れな仕事に取り組んでいたので、ストレスと疲れがたまっていたからかもしれない。休養すれば回復すると考え、近所のスーパーで、数日分の食料を買い、外出を控えるようにしていた。

だが、数日たっても体の不調は少しもよくならない。食欲も全くなく、ヨーグルトやプリンなどの流動食が何とか口に入るというぐあいである。

そんな調子であっても、仕事があれば外出しなければならない。

得意先から連絡があり、わたしは我孫子から東京へ向かった。地下鉄のホームを歩いていると、人の群れがゆらゆら動く亡霊のように見え、現実感がまるでない。

仕事の打ち合わせが終わり、帰宅すると、どっとだるさが襲ってくる。横になっていると、電話のベルが鳴った。かけてきたのは山本だった。

「体の調子でも悪いのですか？　声に覇気がありませんよ」

「脱力感がひどくて食欲がありません」

わたしは蚊が鳴くような小さい声でなんとか答える。

「どうしてそのようになったんですか？」

「分かりません」

「原因不明の症状なら、赤木先生に相談すれば教えてくれますよ。今すぐ電話をかけなさい」

山本に言われたとおり、すぐ赤木先生に連絡をした。

「電話が鳴った瞬間、頭がキーンと痛くなったのよ。あなたに生き霊がついているからです」

電話に出るなり赤木先生は言った。

「生き霊？　それはいったい何ですか？」

「生きている人間から魂が抜け出して、相手に影響を与える霊です」

『源氏物語』で葵の上を苦しめた六条御息所《ろくじょうのみやすどころ》の生き霊のようなものだろうか。人に危害を加えることができる生き霊なんて、現実に存在するのだろうか？

「具体的には誰が何の目的で、わたしに生き霊を飛ばしてくるのでしょうか？」

「あなたはどう思うの？」

「恨みを買った覚えがないので、心当たりがありません。誰なんですか？」

赤木先生は「そのうち分かるでしょう」と言い、それ以上のことは教えてくれなかった。

✡ 正確な透視能力

いったん受話器を置くと、今度はイラストレーターの杏子ちゃんに電話を掛けた。

杏子ちゃんは仕事の関係で知り合った特殊な能力を持つ若い女性である。特殊な能力というのは、相手の背後霊や浮遊霊などがはっきり見えるというものである。絵心があるので、背後霊のイラストを描くことができる。そのため、周囲の人から「背後霊イラストレーター」と呼ばれていた。

電話が通じるなり、杏子ちゃんは言った。

「あなたには生き霊がついていますね」

「どのような生き霊ですか？」

「背丈は１８０センチぐらい。なかなかハンサムな男性で、眼鏡をかけています。ブランド物の黄色の上着を身に付けています。日本の男性ではありません。中国人ですね」

わたしは二度、驚いた。これはまさに鄧ではないか。それにしても、杏子ちゃんの寸分狂わない霊視能力にも驚いた。わたしは前もって中国人の友人がいるなどの情報をいっさい知らせていなかったにもかかわらずここまで言い当てたのだ。

わたしは更に尋ねる。

「では、その生き霊はどんなメッセージを出しているのでしょうか?」

「三浦さんに会いたい。会いたい。わたしの気持ちを分かってほしい、と言っています」

受話器を置いた後、片っ端から知り合いの霊能者に問い合わせてみた。返ってきた言葉は、いずれも「生き霊がついている」だった。

わたしは複雑な気分になる。人にとりついて悪影響を及ぼすような生き霊は文学の中にのみ出てくるもので、実在するとは思ってもいなかったからだ。しかも、生き霊が鄧であることも気にかかる。これから鄧とどのように接したらよいのか考え込む。

そんな矢先、突然電話のベルが鳴った。

一瞬ギクリとして受話器を取る。鄧だった。

「わたし、今から、我孫子、行きます。駅に降りたら電話しますから迎えに来てください」

一方的に早口でこれだけ言うと、受話器を置く音がした。そのとたん心臓の鼓動が速くなり、そわそわしてくる。いても立ってもいられない気持ちになり、ついに部屋を飛びだして、そのまま駅へ向かった。

やがて改札口からおおぜいの人が吐き出された。人の群れの中に背の高い鄧の姿を見つけて、わたしは手を振る。

「ニイハオ（こんにちはという意味）！」

「ハハハ、三浦さん、中国語、ますます上手になりましたね」

とりあえず家で飲もうということになり、鄧とわたしは駅前にあるスーパーでいろいろと買いこんでからうちに向かった。

部屋にキッチンがないことをあらかじめ知らせてあったので、買ってきたのは調理済みのものなど電子レンジで温めれば、すぐ食べられる食料ばかりだった。

まず、豚足をパッケージから出して皿に盛り、小皿に酢みそのたれを入れる。鄧は豚足を1つ手に取り、たれをつけてほおばったが、変な顔をしている。

「まずいの？」

「いや、そういうわけではありません。中国のたれとあまりにも違うので……」

鄧は申し訳なさそうに言う。

「では、こちらはどうかしら」

ＪＲ上野駅の近くで買ってきた中国産のどろっとした酢を小皿に入れて勧める。鄧は豚足を中国酢に浸してかじると、感嘆して親指を立てた。

「うん、これはいける！」

中国酒と中国産の青島《チンタオ》ビールを出すと、鄧はますます上機嫌になる。

「三浦さん、中国人をもてなすこと、たいへん上手。でも、わたし以外の中国人に親切にしてもらったら、困ります」

「なぜ困るの？」

「つまり、それは、その……とにかく困ります」

酒が進むにつれて、わたしたちはじょう舌になり、互いに言葉が通じなくなると、かつて鎌倉の書斎でやりとりしたように、筆談で相手に言いたいことを伝えた。

✡ 生き霊の取り外し

それまで休みの日は山本と出かけることが多かったのだが、鄧と行動するために山本の誘いを断ることが増えた。

そんなある日、山本から電話が掛かってきた。

「最近、あなたは僕の誘いを断ってばかりですね。どうしてですか?」

「忙しいからです」

「忙しいなら、僕の部屋を作業しやすい書斎に整えますから、そこで仕事をしてくださいよ」

「でも、使い慣れているこの机の方が能率が上がるんです。それに、我孫子から市川大野駅まで行くのはめんどうです。武蔵野線は20分に1本でしょう。時間がもったいないんです」

「では僕が車であなたの所まで、迎えに行きます。そうすれば、時間も気にならないでしょう。とにかく、次の土曜日の午前10時ぴったりに、あなたを迎えに行きますから」

一方的にまくしたてると山本は電話を切った。週末、わたしは強引に山本の家へ連れて行かれた。部屋に入るなり、山本は語気を荒くして詰問する。

「あなた、最近誰かとつきあっているでしょう?」

「つきあう?　何のことですか?」

「僕の目は節穴ではありません。あなたの背後に男がいるのが分かりますよ」

「男?　誰ですか?」

「誰だかはっきりと分かりませんが、確かにいます。今から僕の言うとおりに動いてください。最初にイラストレーターの杏子ちゃんに電話して〝わたしに生き霊がついているかどうか霊視してください〟って聞いてください。今、すぐに！」

わたしはしぶしぶ杏子ちゃんに電話を掛けた。

「生き霊？　います。かなりはっきり見えます。中国人の男性が三浦さんと会いたがっているようですね」

受話器を置くと山本は確認する。

「生き霊というのは、鄧さんのことですね。僕には分かっていました」

✡ 非日常的な光景

続けて山本は、わたしに指示をした。

「今からすぐ風呂に入って、禊ぎをしてください。お湯の中に日本酒1合と塩を入れるんですよ。白装束を準備してありますから、禊ぎをした後、着替えてください」

山本の剣幕に押されたわたしは言われたとおりにしてから、部屋に戻った。すると神棚と仏壇に火のついたろうそくが何本も立っている。山本も白装束を身につけており、床に大きな白い紙を敷いて、その上に座るようにと言う。

テレビか漫画でしか見たことがない光景が自宅で繰り広げられているのが衝撃的で噴出しそ

うになったが、笑うと真剣な山本に怒られそうだったのでこらえた。

山本は呪文を唱えながら白い紙の上に塩をまいている。まき終わると、108粒の長い数珠を首に掛け、わたしには短い数珠を持たせて、合掌するように命じる。

山本は「九字（くじ魔除けの印のこと）」を切り、呪文を唱えながら、わたしのまわりを何度も歩く。正座しているので、足がしびれてきた。こんな訳の分からない儀式など早く終わってほしいと思っていたら、ようやく山本が言う。

「あなたの体から生き霊を追い出しました。今すぐ杏子ちゃんに電話して、生き霊がついているかどうか聞いてください」

言われた通りに杏子ちゃんに連絡する。

「生き霊ですね？　今はついていないようですね」

受話器を置くと、今度は鄧に電話を入れるよう命じられた。

「鄧さん、今、何をしていますか？」

「三浦さん、わたし、急に腰、痛くなりました。外出、不可能。会いたいけれど、会うことできません」

杏子ちゃんと鄧の言葉を伝えると、山本は勝ち誇った顔をした。

「どうです？　僕の力が分かったでしょう。3日間飯を食わなかったら、霊視することもできるんですよ。あなたがなにをしようが、全部お見通しです。さあ、着替えてください。隣の部屋にごちそうを準備してありますから……」

この生き霊騒動があって以来、わたしはなんとなく鄧に会いづらく、彼を避けるようになった。

✡ 鄧からの申し出

そんなある平日、鄧から電話が掛かってきた。怒っている様子である。

「三浦さん！　わたしのこと、忘れたんですか？　週末に電話しても受話器を取ってくれない。大事な話、あります。今すぐ上野駅まで来てください」

それまで鄧を避けてきたが、もう無視し続けられそうにない。仕方なく上野駅に向かった。

上野駅の中央改札口に足を運ぶと、鄧の大きな体が見えた。鄧のほうでも、わたしを見つけたらしく手を振っている。先ほどの怒りは消えて、いつもの笑顔に戻っている。

「わたし、来週の頭に中国へ戻ります。まずはアメ横での買い物、つき合ってください。その後、大事な話、あります。わたしから逃げる、いけないことです」

買い物を終えて、わたしたちはホテルの1階にある喫茶室に入る。飲み物が運ばれてくると、鄧は急に改まった表情になり、こう切り出した。

「中国に行って、わたしといっしょに暮らしませんか？」

正直、鄧の申し出がうれしくなかったと言えば嘘になる。鄧はハンサムだし、お金持ちだしとてもやさしい。

だが、わたしは10年間連れ添った夫をおいてどこかに行く気は微塵もなかった。それに、両親の面倒も見なければならないし、ライターの職も手放したくなかった。

✡ 残酷な話

わたしはなんとかはぐらかそうとした。

「中国に行って、鄧さんといっしょに暮らすと、どのような良いことがありますか？」

「お金の心配、全然ない。ぜいたく可能。家事は使用人がやるから、家事をしなくてもいいです。半年に1回、来日、可能」

「ほかに良いことはありますか？」

「あります。三浦さんが望むなら、公開処刑、1番見やすい所で見ること可能。軍の秘密見ること、可能。わたし、それだけの権力あります」

別に公開処刑は見たくないのだが、これを魅力的だと思う人はいるのだろうか。

「でも、中国にはマフィアがいるから、恐いイメージが……」

「大丈夫、大丈夫。中国のトップ、中国マフィア、裏でつながっています。心配、不要」

どんなことを言ってものらりくらりとかわされてしまう。きちんと言わなければ引いてもらえなさそうだ。

「でも、いちばん困っているのは、わたしに夫がいることなんです」

「それも心配、不要。彼を連れて、中国、来てください。誰にも分からないように、始末すること、可能です」

「始末するって、殺すという意味ですか？」

「そのとおり。わたし、中国ではそれだけの権力、あります。旅の支度、できたら、わたしに連絡、ください。あとは安心して、わたしに任せて……」

わたしは全身からみるみる血が引いていくのを感じた。おそらくその場で鏡を持って、顔を見たら蒼白だったに違いない。

血が引くのと同時に、鄧に対する気持ちも引いていった。もしも仮に夫を伴って中国へ渡れば、夫は殺され、わたしはパスポートを取り上げられて、強制的に鄧の妻に仕立て上げられるだろう。10年間、苦楽をともにした夫を失うことなど想像したくもなかった。

ＪＲ上野駅で別れてから、現在にいたるまで、鄧には一度も連絡してない。

ずっと後、仕事の関係で中国人の知り合いが何人もできた。中には上海市長の友人で人格的にも尊敬できる90歳の老人もいた。名前を周さんという博学な人である。

周さんに鄧のような特権階級が存在するかどうかを尋ねたら、こんな答えが戻ってきた。

「いるかもしれませんが、その存在は一般人民にほとんど知らされていません。ほとんどの人民は知らないと思いますよ」

このとき改めて、共産国家の不気味さを思い知らされたのだった。

第8話

何の御利益もない御神行《ごしんぎょう》

～神さまを活気付ける儀式とは～

✡ 御神行の目的

1994年の春に山本から赤木先生のことを知り、同年の梅雨どき、赤木先生から直接「御神行《ごしんぎょう》」の話を聞いた。このことは前述したとおりだ。

　御神行とは各地の神社をお参りして祈祷することだ。赤木先生によれば、祈祷により神社が浄化され、パワーアップするらしい。

　こちらも前述したが、日本列島は本来、国常立尊《くにとこたちのみこと》の大神さまの形をしていなければならないのに、今はバラバラになっているので、世の中がおかしくなっている。そのため、北海道から沖縄まで各地の神社を訪れて、霊的な処理をして本来の形に戻し、大神さまがスムーズに活動できるようにしよう、というのが今回の御神行の目的である。

　わたしは御神行に強い関心を持っていたので、いつこの日が訪れるのか、しびれを切らせて待っていたのだが、ついにその日がやってきた。

　ある日、興奮した口調で、山本が電話を掛けてきた。

「みっ、三浦さん、赤木先生から連絡がきました。神託が降りたそうです。新潟で御神行をせよ、とのことです。参加者は16名。もちろん、あなたも行きますよね」

「ぜひ参加させてください」

当日、私が集合場所のＪＲ上野駅入谷改札に到着すると、赤木宅で知り合った面々がすでにそろっていた。

みんなで山本が運転するマイクロバスに乗りこみ、北に向かってどんどん進んでいく。

最初に到着したのは、新潟の彌彦《いやひこ》神社である。大きな樹木がたくさんあり、歴史を感じさせる雰囲気だ。

私たちは一般の参拝客がいなくなるのを待ってから行動を始めた。

一同はまず、鳥居の外から神殿に向かってうやうやしくおじぎをする。本殿の正面に赤木先生が立ち、山本をはじめ、３人の男性が小さい祭壇を設ける。その上に、白い小皿を２つ載せてそれぞれに塩と米を盛りつけ、蓋を取り外したワンカップの日本酒を供える。

次に赤木先生が作成した祝詞と「トウラ」という呪文をみんなで唱える。それが済むと、赤木先生は本殿に向かって祈る。

「彌彦神社の大神さま、本日はお参りさせていただきまして、まことにありがとうございます。持参したお酒、塩、米をお召しあがりください」

祈祷が終わると、３人の男性が供え物を本殿の正面、左端、右端にまく。カップに残った酒は、参加者たちが一口ずつ回し飲みする。

赤木先生はみんなに向かって伝える。

「みなさん、今、神さまからメッセージが降りましたので、お知らせします。

〝みなの者、遠路の旅、まことに御苦労であった。国常立尊のつなぎ、つつがなく行ってほしい。旅の安全はわたしが守る。安心して神つなぎのお役目をいたせ〟

と申されています」

神のお告げを聞くと、参加者の中には感激して涙を流す人さえいたが、わたしは何の感動も覚えなかった。内容があまりにも一般的すぎて、テレビドラマの「水戸黄門」や「遠山の金さん」の決め台詞のように聞こえたからだ。「なあんだ」という気持ちにすらなったほどである。

一同は、そのまま航路で佐渡島へ向かい、島を1周して祠《ほこら》を見つけては、彌彦神社で行った儀式を淡々と繰り返した。

御神行の企画を立てて一同を先導するのは、山本であった。山本が2泊3日のスケジュールを立てるとき、あまりにも多くの神社を回るように立案、実行するのでかなり疲れた。

山本は御神行を霊的に重要な作業と考えていたらしく、いつも口癖のように、こんなことを言っていた。

「僕たちはすごいことをしているんだよ」

わたしは、それを聞いて尋ねる。

「どこがどのようにすごいのですか？」

「とにかくすごいんです。そのうち分かりますよ」

などと言っていたが、御神行に参加すればするほど、わたしには、退屈な行為としか思うことができなくなっていった。

御神行の参加者のほとんどは中高年で、中には70代と思われる老婦人もいた。最年少のわたしでさえくたくたに疲れるほどなので、参加者にはかなり過酷な旅である。

御神行は１９９４年から２００１年までの７年間、新潟を皮切りに北海道、東北、北陸、八丈島、伊豆七島、富士山周辺、近畿、四国、九州、沖縄、沖縄の先島の神社や聖地を回った。

初期のころは16人の参加者がいたが、１人、２人というぐあいに参加者が減り、最後に訪れた沖縄の先島へいくころには、わずか６人だった。

山本は参加しなくなった人を「あいつは堕ちたんだ」と軽蔑したが、山本も病のため最後の御神行の地、沖縄の先島に行くことができなかったので、何をか言わんやと思いたくなる。

✡ 沖縄で怪奇現象に襲われる

あまりにも多くの神社を訪れたので、その詳細はほとんど記憶に残っていない。ただ、強烈に脳裏に焼き付いている御神行が１つだけある。沖縄の御神行で糸満市《いとまんし》にある、ひめゆりの塔と平和公園へ行き、死者の霊を弔う儀式を行った日のことだ。

その夜、わたしに奇妙な現象が起こった。

突然心拍数が高くなったのだ。しかも、耳に心臓の鼓動が聞こえてくるほどである。宿泊所のベッドで横になっても、いっこうに症状が治まらない。耐えがたいほどの苦しさだった。

仰向けになると、10代の女の子が6人、ベッドのわきに立ち、私の顔をのぞき込んでいた。何かべちゃくちゃ話しているのだが、琉球語なので何を言っているのか全く分からない。ときおりケラケラ笑っている。

思い切って上体を起こすと、女の子たちは消えた。

洗面所に行って、なにげなく鏡を見ると、頭の中にこんな声が聞こえる。

「お前は傲慢で、周囲の者に対する感謝を知らない。精神性を高めると約束するか？　約束しないならば、今ここでお前の眉を剃り落として、みっともない顔にしてやる」

その瞬間、わたしの右手が勝手に動いて剃刀を握り、眉に迫ってきた。

わたしは心の中で叫ぶ。

「やめてください！　約束します」

すると右手は剃刀を洗面台に放り出した。

この話を赤木先生に訴えると、先生はこう語った。

「ひめゆりの塔と平和公園に行ったとき、少女たちの霊がついてきてしまったんでしょうね」

そして、霊的な治療行為であるハンドパワーをかけてくれたが、体調は少しもよくならない。

しかし、たまたま、一行の中に「デパス」という脳に作用する薬を持っている人がいて、それをもらって服用したら症状はすぐに治った。

このころからわたしは赤木先生のハンドパワーの効力にも疑問を持つようになった。

✡ ばかばかしい御神行

御神行に参加するうち、わたしは御神行そのものに疑問を抱き始めた。

山本の話では、御神行に参加する人たちはたいへん意識が高い、神から選ばれた人らしい。だが、それはいかがなものかと思わされるようなことが頻発しはじめたのだ。

まず最も意識が低いのは、わたしである。存在するかしないのか分からない神を求めて全国各地へ赴くのは、ばかばかしいことだと思っていたからである。最後のほうは御神行の連絡が来るとめんどくさいとさえ感じていた。

また中高年女性は、神殿で祝詞を唱えている最中、べちゃくちゃおしゃべりをしている。それから、ほとんどの参加者は集合時間に必ず遅れて来るので、そのたびに幹事役の山本はいらだっていた。

　疑問はまだある。

　出会った初期のころの山本には凜《りん》としたさわやかさがあった。そのうえ、とても親切で、どんな悩みごとにも相談に乗ってくれた。

　だが、御神行の数を重ねるたびに、山本の性格にゆがみが生じてきた。わたしに会うとき、参加者の悪口ばかり口にするようになったのだ。

「佳子、恵美子、真紀子の3人は御神行をいったい何だと心得ているんだ。勝手な行動ばかりして。赤木先生も赤木先生だ。御神行の前日にいきなりスケジュールの変更をしろ、と言ってくる。もう僕は御神行の幹事なんかやりたくないよ」

　ブーブー文句をまき散らしながらも、赤木先生から、どこそこで御神行をするようにとの神託を受けました、と連絡がくると断ることができない山本だった。

　御神行は2001年に沖縄の八重山諸島、宮古諸島を最後に終わった。そのとき赤木先生に降りた神託はこうだった。

「みなの者、長い間の御神行、まことにご苦労であった。ゆっくりと温泉に漬かって旅の疲れを取るがよい」

　わたしはこの神託に疑問を抱く。たしかに八重山諸島の西表島には1カ所温泉があるが、宮古島には当時は存在していなかったからである。

✡ 赤木先生のおかしな言動

今、当時を振り返ってみると、山本がそうだったように、赤木先生の言動もおかしかった。「わたしには、宇宙の最高神がついているから一般の霊能者に比べてわたしはレベルが高い」などと公言していたからである。

また、御神行は日本を立て直す目的で行われたはずだが、果たしてその成果はあったのだろうか。年間３万人の自殺者、政治家や公務員の汚職、拉致問題、福祉制度の貧弱化など何一つよくなっていないのではないか。

御神行を含めて、１９９４年から２００１年までのおよそ7年間、赤木先生の周辺で見聞したものはいったい何だったのだろうと今でも考えることがある。

山本と赤木先生の取り巻き連中は赤木先生を「日本一の霊能者」と絶賛していたが、わたしは今でも赤木先生の霊的能力に疑問を持っている。

オカルト雑誌の編集者が赤木先生を記事にするために赤木宅を訪れたことがある。この時、霊視の実験をしたが、みごとに外れている。また、腰痛の編集者にハンドパワーをあてたが、痛みがおさまる様子もなかった。

赤木先生はほんの少しばかり霊感のある普通のおばさんが救世主妄想にかかって全国を回っていったに過ぎないのではないかと考えている。

第9話 神を信じた男の最期

～貧乏・難病・孤独死～

✡不幸の連続だった生涯

山本の生涯を概観すると、不幸の連続だったと表現しても過言ではない。

家が貧乏だったので、小学生のころから家計を助けるために、新聞配達をしていた。中学卒業後、数々の職に就いたが、これはという実績がない。

どのようないきさつで、独ニーダーザクセン州日本支部で勤務するようになったのかは不明だが、この職も、長期間の不況のため、もともと正社員だったのが、フリーランス契約社員になったようである。

山本は複数の消費者金融から金を借りて株券購入に充てた。この株が大暴落したので、山本には多額の借金だけが残る。借金返済額は毎月40万円と聞いていたから、かなり苦しい生活だったに違いない。

そんなとき、山本は決まってわたしにお金を貸してほしいと言うようになった。

「独ニーダーザクセン州日本支部の月給がどんどん下がって今では手取り10万円なんです。これでは借金を返すことができません。35万円貸してくれませんか?」

はじめのうちはわたしも快く貸していた。

ところが、そのうち山本はこううそぶくようになった。

「三浦さんはお金の使い方が下手だから、使い方を分からせるために、借りてやったんだ」

そしてまた、返済日が近づくと態度がころりと変わり、土下座して借金の申し込みをしてくる。あまりにも真に迫る様子なので、愚かにも再び貸してしまうという悪循環に陥っていった。

こんな状態が続くとわたしも参ってしまうので、山本に仕事を手伝ってもらい、働いてもらった分、報酬を支払おうと持ちかけた。すると、山本は喜び勇んで名刺を作って持ってきた。

その名刺には、このように書かれていた。

「あかね企画顧問　山本良夫」

あかね企画というのは私の執筆業における屋号であるが、この「顧問」という肩書には思わずあきれてしまった。手伝い役ではなく、まるでわたしの相談役みたいではないか。

当時、わたしは、スーパー、コンビニ、ドラッグストア、１００円ショップなどの業界事情を知らせるビジネス書を手掛けていた。

山本に頼んだのは、インタビューである。会社訪問をしてもらい、広報部の担当者にインタビューをする仕事だ。だが、インタビューを録音したテープを再生して驚いた。その内容があまりにも酷かったからだ。

通常、インタビューするとなると、まず相手の下調べや勉強をするのが鉄則だ。相手の情報を事前に整理しておかなければ適切な質問をすることができないからだ。

だが、山本の場合、録音内容を耳にすれば、勉強していないのがすぐに分かった。

そのうえ山本は彼自身のくだらない雄弁を展開し、相手が話をするのを遮ってさえいる。さらに困ったことには、雑談が多すぎる。自分が株で失敗して、スッテンテンになったことまでしゃべっている。

山本がものを書く経験がないゆえの失敗であると思い、インタビューを任せるのは諦め、今度は教育関係の雑誌社を紹介して、原稿が書けるように手配した。

山本は大喜びで原稿を書き、わたしに見せにきた。

だが、原稿に目を通すなり、わたしは思わずため息をついてしまった。

そんなわたしの様子を見て山本は尋ねる。

「どうですか？」

「とても言いづらいのですが、この原稿は一読して何を主張したいのか全く分かりません。独りよがりの文章です」

「僕は小学生の時、作文がクラスで1番だったんですよ。僕には才能があります。僕の才能を見抜けない三浦さんはバカだ！」

「あのね、わたしが求めているのは小学生のころの潜在能力ではなく、すぐに使える文章の実践力なんです。そんなにいばるんでしたら、別の雑誌社も紹介してあげますから、そこで編集者と渡り合えばいいでしょう」

　幾つかの雑誌社を紹介したが、山本はあちこちで失敗して編集者から相手にされなくなり、再び仕事の注文がくることはなかった。

　そんなある日、山本がわたしに相談を持ちかけてきた。

「知人の紹介でよい仕事がみつかりました。川崎の会社で正社員に採用されそうです。月給は手取り40万円です。あなたはどう思いますか？」

「それはよかったじゃないの。おめでとう」

　数日後、山本から電話が掛かってきた。

「川崎の会社の件は取りやめにしました。赤木先生に相談したら、御神行に差し障るから、就職しないでほしいと言われたんです」

　この時点から山本の苦難が始まり、わたしはとんだとばっちりを受けることになる。

✡ 支離滅裂な話

　独ニーダーザクセン州日本支部の所長は10万円の月給しかくれないにもかかわらず、山本が副業で稼ぐのを許さない。山本は終日、事務所に縛りつけられていた。だが、それではいつまでも借金を返すことができないため、しかたなく、山本は夜間の運転代行のアルバイトを始めることになった。

山本はこうぼやく。

「運転代行というのは嫌な仕事ですよ。仲間の1人が道を間違えて、お客さんの大事な商談に間に合わなくて、どなりつけられて泣いていました。僕は運転がうまいので、僕を指名してくれるお客さんは多いんです。でも、昨晩、お客さんのベンツを傷つけてしまったので、ものすごく怒られました。もうこんな仕事は嫌です。なぜ僕はこんな目に遭うと思いますか?」

「さあ……」

「僕はもともと神だったんです。神にたてついたので、2万年前にエジプトで人間として生まれ、2500年前はお釈迦さまとして生まれ、次は韓国の王子に生まれ、今生では北朝鮮人に生まれました。日本に行かないと因縁が消えないので、在日北朝鮮人として生まれたんです」

わたしはくだらないと思いながら聞いていた。話の内容が、荒唐無稽すぎるからである。

神が神にたてつくとはいったいどういう意味なのか。お釈迦さまの生まれ変わりが、なぜこんなバカバカしい話をするのかちっとも分からない。いずれにしても40代後半の男が口にするような話ではない。

✡あなたの霊格は低いですね

わたしは尋ねる。

「あなたの前世が神やお釈迦さまだというのはどのような根拠からなの？」

「星占い師が、そう言っていましたよ」

「何人の星占い師に聞きましたか？」

「1人です」

「たった1人だけでは正確なことは分からないでしょう。100人の占い師に聞いて、100人とも同じ答えを出したなら、信ぴょう性があるけれど、たった1人では、話にもなりません」

山本はめげずに反論してくる。

「でも、僕は女性気功師の椎名さんと渡米する時、飛行機の中で、不思議な体験をしたんです」

「どんな体験ですか？」

「背中、肩甲骨のあたりがムズムズするんです。それで、椎名さんに聞きましたら、僕の背中に真っ白な羽が生えているのが見えます、って言われたんです。ですから僕は天使の生まれ変わりでもあるんです」

「証明するのは極めて難しいですね」

「まだあるんです。僕がオウム真理教の拠点の近くを車で通った翌日、教祖が逮捕されました。僕が通ったからこそ、場が浄化されておぞましい事件が終わったんですよ。僕っていったいなんだろうね」

「単なる1人の北朝鮮人にすぎません。あの宗教団体が存在している近くの国道は1日に数百、ひょっとしたら数千の車が通過するでしょう。あなたが通過したことと、事件の解決とは全く関係ありません」

「三浦さん、あなたの霊格は低いですね。僕の霊格があまりにも高すぎるので、僕の本質が分からないんです。それに僕のオーラは仏像の光背のように広く金色に輝いている。僕には友人と呼べる人が1人もいないのですが、これは僕のオーラがまぶしすぎるので、みんな僕に近づくことができないんです」

「オーラがどうのこうのという問題ではなく、単にみんなから嫌われているだけです。御神行の参加者は、あなたのことを嫌って、悪口を言っていますよ」

　山本が自分を特別な人間だと思いたがるのも無理はない。おそらく山本は強度の劣等コンプレックスを持っていたに違いない。

　貧乏であること、大学を出ていないこと、これといった仕事の実績が全くないこと。そこで、己を神秘的な能力を持つ特別な人間であると思い込むことにより、コンプレックスを解消させていたのではないだろうか。

✡ 金を恵んでくれ！

　貧乏ですさんだ生活をしているうちに、山本の性格はますますおかしくなってくる。

　ある日、歯科医院に行くと、待合室で治療を終えたばかりの山本とばったり出くわした。そして、わたしが治療を終えて出てくると、彼はまだ待合室にいた。わたしが治療を受けている間、山本はずっと待っていたらしい。

　外へ出ると、

「お金〜、お金〜、お金〜、お金、恵んで〜」

と言いながら、ずっとわたしについてくる。わたしは急ぎ足で、目の前のタイ料理屋に逃げこむと、山本も入ってくる。

　ついてこられるのが嫌なので、財布の中から1万円を出して渡す。すると、山本は安心したような顔をした後、片っ端から料理を注文してがつがつ食らいはじめた。そして空腹を満たし終わると、ペロリと舌を出して去って行く。10歳年下の女から金をせびることに対して、なんの恥ずかしさも感じていない様子である。

山本に金を与えたり貸したりしていくうちにわたしの貯金はどんどん減っていった。そのうち、消費者ローンから借金してまでも山本に金を融通するようになる。そうまでして彼にお金を貸したのは、なんだかんだ言って10年来の友人である彼を見捨てることができなかったからだ。

こうしてわたしの金銭感覚は狂っていき、消費者ローンから借金することの危険性について無感覚になる。赤木先生の御神行に総額で500万ほどかかったこともあり、気がついたころには、絶望的な額の借金ができていた。

山本もわたしも赤木先生の御神行に振り回されて、人生がおかしな方向へ進んでしまったのである。

✡ 難病に侵される山本

いつからか、山本は年末になると千葉県の市川市から実家のある京都へ向かう途中、静岡にあるわたしの家に立ち寄るようになった。夫とわたしを含めた3人で、食事をし、京都で年越しをしたのち、年が明けると再びわたしの家で食事をして、市川市へ帰っていった。

2000年の末、例年のように山本が車で訪れた。山本が来るのはいつも深夜で、夫とわたしにとって迷惑千万だが、そうかといって、冬の夜に追い出すのも気の毒である。朝鮮料理屋へ行き、山本の好物を買って食卓に出すと一晩泊まって京都へ向かった。

２００１年正月２日、電話のベルが鳴る。京都にいる山本からだった。

「なんだか体がとてもだるいんです。少し走っただけでも息切れがします。あなたがたのように霊格の低い夫婦が出した料理を食べたのが原因です」

これを聞いたわたしは、さすがに頭の血管がブチ切れるほど腹が立ち、まくしたてた。

「人からごちそうの接待を受けておきながら、悪口を言うとは情けない男だね。だったらなぜ霊格の低い夫婦の所へわざわざ来るの！　もう二度とここへ来るな！」

わたしが言ったように、山本は　度と静岡に来なかった。いや、来ることができない体になったのだ。

同月の10日ごろ、わたしは仕事の打ち合わせのため、上京した。このころは交通の便がよい銀座へ引っ越し、そこで仕事をしていた。

部屋に着くなり電話のベルが鳴る。山本からだった。

「今、虎の門病院の公衆電話から、掛けています。白血病と診断されて、入院することになりました」

「そうなの。今から病院に行きます」

わたしは数日前まで怒っていたのも忘れ、虎の門病院へ駆けていった。エレベーターで指定された階へ行くと、山本はロビーの長いすに座っている。

「血液内科で精密検査を受けたら、成人急性リンパ性白血病フィラデルフィア染色体という40万人に1人の割合でかかる病気と診断されました。やっぱり僕は特別な人間だと思います」

難病だと言うのに、山本はどこか誇らしげだ。

「それに、ここ虎ノ門に僕が来たのにはちゃんと訳があるんです。ここは日本の政治の中心です。僕がここにいることによって、悪政が浄化されて善政になるはずです」

わたしはくだらない話だと思いながら言う。

「だったらどんどん浄化して、日本をよい国にしてくださいよ」

わたしは上京している間、ほぼ毎日、山本を見舞い、身の回りの世話をした。

入院生活の退屈さをまぎらわせてくれればと思い、中古パソコンとホームページ制作の参考書などを差し入れた。社会復帰したときのために、インターネット起業をすれば何とか生活できるだろうと思ったからである。

✡ 誰も見舞いに来てくれないんだ

仕事で群馬県に行った帰り道、ひさしぶりに虎の門病院へ行き、山本を見舞うことにした。病室に入るなり、わたしは言葉を失う。山本が恐ろしい姿になっていたからである。顔や手足は灰色に変色して、皮膚がうろこ状になっている。体じゅうの肉がなくなり、骨と皮ばかりの体を「く」の字型にしている。声をかけると山本は目を開けた。

入院したばかりの山本には心にゆとりがあったので、虎ノ門周辺を浄化するなどと、いきまいていたが、病気が進行するのと並行して、ますますおかしな性格になっていった。

「御神行の参加者が全然見舞いに来てくれないんだ。北海道から沖縄まで行くほどなのに、なぜ東京にいる僕を訪ねてくれないんだろう。それに、姉や妹も僕を見捨てて連絡さえくれない。なぜだと思う？」

「みんなそれぞれの事情があるのでしょう」

わたしはそれ以上何も言わないで黙りこんだ。御神行の参加者が山本の言動を嫌っていたのは、目に見えていた。嫌いな者のために、わざわざ遠方からくるほうがおかしい。

ただ、赤木先生が見舞いに来てくれれば、山本も気持ちが落ち着くのではないかと思われた。わたしは山本を置いて病室を出ると、公衆電話から赤木宅に連絡を入れた。

「先生、山本さんを見舞っていただけないでしょうか？　本人は喜ぶと思うのですが……」

「遠隔でパワーを送っているんだけれど、山本さんの心があまりにも膠着しているので、パワーが入っていかないんです。ですから、見舞いに行っても、何の足しにもなりません」

わたしは病室に戻りながら、赤木先生は少し冷たいのではないかと思った。山本が奇病になった原因の半分以上は赤木先生の責任ではないかと考えていたからである。

病室の山本は肺の中にできるカビを殺す点滴を注入されている。かなりきつい薬らしく、まるで体じゅうが、しゃっくりを起こしているように、数秒刻みに痙攣を起こす。

「僕を見舞いに来ないやつは、みんな虫けらだ！」

その時、看護師が入室してテーブルに食事を置く。山本は、再び口を開く。

「この病院は最低だよ。飯はまずくて看護師の質も悪いときている」

わたしは看護師が去った後、山本をたしなめる。

「人の悪口ばかり言うのは、いいかげんやめなさい。悪口ばかり言っているから、罰が当たるのよ」

山本は弱々しい声でつぶやく。

「昨日、看護師が4人がかりで僕を風呂に入れた。体重は45キロ。僕は今考えている。御神行で最も重要な役割をした僕が、なんでこんな断末魔の苦しみを味わわなければならないんだろう。御神行なんて、僕にとって何の意味もなかった。おそらく僕の命は、1週間ももたないだろう。僕の生涯って何だったんだろう」

わたしは山本が急に気の毒になり、やさしく声をかけた。

「姑の体調が悪いので、わたしは明日の早朝静岡へ帰ります。これがあなたとの今生の別れになると思います。最期の言葉を残してください」

すると山本は死ぬ直前の病人の声とは思えないほど、振り絞るような声で共通の知人への恨み言を言い放った。

1週間後、山本の妹から訃報が届いた。

✡ このクソババア！

山本が死んだ年、わたしは夫と茨城の赤木宅を訪問した。

いつものように、神棚の前で礼拝を済ませると、テーブルを挟んで赤木先生と向かい合う。

赤木先生は、山本が死んだ後、彼の妹から罵詈雑言を浴びせられたという。それは次のような内容だったそうだ。

深夜2時半ごろ、突然、赤木宅に電話が掛かってきた。赤木先生が受話器を取ると、山本の妹がまくしたててきた。

「兄が死んだのはあんたのせいだ。それなのにお線香1本もあげに来ないなんて薄情なババアだ！」

「こんな夜中に電話を掛けてくるなんて、失礼ではありませんか？」

「わたしは日中ずっと忙しいんです。この時間しか電話を掛けることができません。とにかくお線香をあげに来て、兄に謝ってください」

「でも今から京都まで行くことはできません」

「京都ではなく、千葉県にある兄の家にいます」

「わたしは行きません」

「そんなこと言うんなら、密教僧を雇って、呪い殺してやる。このクソババアーーー！」

呪いが効いたのか、別の理由からか分からないが、山本が死んだ翌年の夏、赤木先生は悪性脳腫瘍と持病である心臓病の悪化が原因で死んだ。

山本の妹は、赤木先生の場合と同様わたしの家へ深夜2時半に電話を掛けてきて、あんたの看病が気に食わなかったから密教僧を雇って呪い殺してやる、と脅かしてきたが、ずいぶん筋違いな言い分だと思った。

わたしは山本の看病代として、1円たりとももらっていない。むしろ身の回り品などは、わたしのポケットマネーから出していたくらいである。それに、わたしの看病が気に入らないのならば山本の妹が看病すべきだろう。

わたしには呪いがかからなかったらしく、今でもピンピン生きている。

おわりに

わたしは今まで散々オカルト業界で酷い目に遭ってきたが、その分たくさんのオカルト業界にかかわる人々を見てきた。

その中には、高学歴で、博士号を取得しているような人もいた。このような人でさえもオカルト業界の悪影響を受けることがある。著名な工学博士が主催する勉強会をレポートした時のことだ。

勉強会そのものはそれほど面白いものではなく、わたしはあくびをこらえながらノートにメモしていた。するとそのうち参加者数人が口論をし始めて、終始がつかなくなってきた。

突然、大声を張り上げる者がいて、会場は静まり返った。大声を出したのは20代か30代の若い男で、こんなことを言う。

「わたしは土星の将軍サヌユルだ。お前たちがくだらない口論ばかりするので、この男の体を借りて説教をすることにする」

サヌユルと名乗る男が説教をし始めると何人かが彼に近寄っていく。そして、なんと近づいて行った人々は、サヌユルに自分の悩みを打ち明けはじめたのだ。

意味が分からないことを言う人物が現れた場合、とりあえず遠巻きから観察するなり、宥めすかして外部へ隔離するなりが、ごく一般的な対応というものではないだろうか。

わたしは主催者である工学博士に尋ねた。

「先生、あの男は自分を土星人であると名乗っていますが、どのように考えたらよいのでしょうか？」

すると工学博士は答えた。

「あの男の言っていることはちっともおかしくないですよ。実は、このわたしの正体も金星人で、地球人の魂を救うために地球に来たのですから」

わたしはあきれ返って言葉も出なかった。

この工学博士のように、高学歴で周囲から頭脳が優秀であると思われている人が、なまじオカルトじみた活動をすると、とんでもない目に遭うという例も少なくない。

他にもこんな人がいる。何年か前、わたしは女性社長の活動を本にしてまとめる仕事をしていたことがある。多くの女性社長に会ってインタビューした中に、才気あふれる社長がいた。この人物は一流大学の出身で、ひとりで小さい会社を作りバリバリ仕事をこなしており、人当たりもとてもいい人だった。

数年後、再びこの女性社長に面会し、びっくりしたことを覚えている。自分には宇宙の最高神がついていて自由にやりとりをすることができると話すのだ。

女性社長は透視した内容のいくつかをわたしに伝えたが、あとで検証してみるとすべてはずれていた。この女性社長を紹介してくれた人にこのことを伝えると、社長の娘が事故で死亡した時以来、霊感が授かったらしいと説明された。

そもそも、宇宙の最高神というのが何だかよく分からないが、最高神と交信できるようになったからにはさぞかし人間性が向上したかと思いきや、社長は社会性のない嫌な性格になってしまった。この社長からいくつかの仕事をもらったことがあるが、以前とは打って変わって覚書や契約書に記したことを守ってくれない。その上、筋違いのことを言ってこちらを困らせるようにもなってしまった。

最も困ったのは、この社長から頼まれた仕事をしても報酬をくれないことだった。

例えば、早朝8時にJR横須賀駅前へ来るように命令された時のことだ。静岡から横須賀へ向かうためには5時に自宅を出発しなければならなかった。にもかかわらず、ついたら今日はやっぱり仕事はないと言われたうえに、交通費さえ支給されなかった。

以上のようなことが続くので、わたしはこの女性社長から離れた。

宇宙の最高神と交流しているというのは本人の勝手な思い込みで、娘さんを亡くしてしまったショックが、彼女を変えてしまったのかもしれない。

20年間オカルト業界に携わる人たちと関わってきて思うことは、彼らは幸せになりたくてオカルト業界の門を叩くのに、実際には幸せにはなっていないのではないかということだ。むしろ拙著にたびたび登場する山本の例を見る限り、不幸になっているようにしか見えない。

オカルト業界は寄付などの金銭的な負担や、御神行のような肉体的な負担を課されることになるため、心身ともにバランスを崩してしまう人も後を絶たない。また、先述の女性社長のように、精神的に弱っているときにオカルトに出会い、深みにはまってしまう人もいる。

だが、もうこりごりだと思っているのに、ついつい惹かれてしまうことがある。オカルト業界は次から次へと新しいメニューを提示して、言葉巧みに誘ってくるからだ。

そしてもう一つ思うことは、とことん信じていれば、はたからはどんなに搾取され、虐げられているように見えたとしても、本人が救われていると感じる以上は、本人は幸せなのではないかということだ。

いままで散々酷い目に遭ってきたにもかかわらず、いつか心のそこから信じ続けることができる何かに出会いたいと思っている自分を、わたしは否定しきれないのである。

著者紹介

三浦悦子（みうら・えつこ）

大阪大学文学部美術史学科で学んだ後、週刊誌や月刊誌などの記者などを経て、現在は書籍のライティング活動をする。『呪いの本－怨みを晴らす復讐マニュアル』『わかりやすいビール業界』『三面大黒天信仰』（三浦あかね名義）など著書多数。

実録　あなたの知らないオカルト業界

平成 26 年 9 月 3 日 第 1 刷

著　者　三浦悦子

発行人　山田有司

発行所　株式会社　彩図社

〒 170-0005

東京都豊島区南大塚 3-24-4

MTビル

TEL:03-5985-8213　FAX:03-5985-8224

http://www.saiz.co.jp

http://saiz.co.jp/k（モバイルサイト）→

印刷所　新灯印刷株式会社

ISBN978-4-8013-0010-1 C0195